DISPOSITIONS

DU DÉCRET

ET TARIF

DU

DROIT D'ENREGISTREMENT,

Du 5 Décembre 1790,

Se trouve
{
À PARIS, { Chez DENNÉ, Libraire au Palais Royal, *passage du Perron, vis-à-vis la rue Vivienne, N.ºˢ 93 & 94.*

Et en Province, { Dans chaque chef-lieu de Direction du Droit d'enregistrement.
}

Prix, 36 sous.

DISPOSITIONS

DU DÉCRET

ET TARIF

DU

DROIT D'ENREGISTREMENT,

Du 5 Décembre 1790,

PRÉSENTÉES PAR ORDRE ALPHABÉTIQUE.

A PARIS,

DE L'IMPRIMERIE ROYALE.

M. DCC. XCI.

DÉTAIL

Des Droits abolis, en conséquence de l'Article Ier du Décret du 5 décembre 1790, par l'établissement du Droit d'enregistrement ; à compter du 1,^{er} février 1791.

SAVOIR:

Contrôle
{
des actes
&
des exploits.
}

Insinuations
{
ecclésiastiques
&
laïques.
}

Centième denier des immeubles.

Enfaisinement.

Scel des jugemens,

Tous les droits
{
de greffes
&
droits réservés
}
sur les procédures.

Tiers référendaires.

Contrôle des dépens.

Vérification des défauts.

Droits sur les
{
épices
&
amendes.
}

Sceau des actes des notaires.

Droits de sceau en Lorraine.

Droit de bourse commune des huissiers de Bretagne.

Quatre deniers pour livre, du prix des ventes de meubles.

Droits
{
d'amortissemens,
de nouvel acquet,
& usages.
}

DISPOSITIONS
DU DÉCRET
ET TARIF
DU DROIT D'ENREGISTREMENT,

Du 5 Décembre 1790,

Préfentées par ordre alphabétique.

Art.					Quotité des droits & peines, fixés par les Décret & Tarif.
			A		
1.er	ACTES	Civils & judiciaires, & titres de propriétés.	*A compter du 1.er fév. 1791.*	Seront affujettis dans tout le Royaume, à un enregiftrement, pour affurer leur exiftence & conftater leur date.	

A partir de la même époque, il ne doit être payé qu'un feul droit pour le falaire de cet enregiftrement, en remplacement de ceux de contrôle, infinuation, 100.º denier, petit-fcel & autres y joints, qui demeurent abolis, fauf les droits d'hypothèques.

Article I & II du Décret, & 3.º alinéa du titre des Exceptions *, à la fin du Tarif.*

2.	ACTES des Notaires	Doivent, à peine du double des droits, être enregiftrés ;

SAVOIR :

Dans les dix jours qui fuivront celui de la date de l'acte, lorfque l'officier qui l'aura reçu réfidera dans le même lieu où le bureau fera établi ;

Et dans les vingt jours, lorfque l'officier réfidera hors le lieu de l'établiffement du bureau.

Sont feulement exceptés les teftamens, qui ne doivent être préfentés au bureau que dans les trois mois qui fuivront le jour du décès des teftateurs. *Art. VIII & IX du Décret.*

A

ART.	A		QUOTITÉ des droits & peines, fixés par les Décret & Tarif.

3.

ACTES

ET EXPLOITS des Huiffiers,.

Doivent, à peine de nullité & de 10 livres pour chaque omiffion, être enregiftrés dans les quatre jours qui fuivront celui de leurs dates, foit au bureau de leur réfidence, foit au bureau du lieu où les actes auront été faits. *Art. VIII & IX du Décret.*

4.

ACTES

JUDICIAIRES

dans le cas d'être enregiftrés dans un délai fixe, & fur les minutes,

Sont,

Tous les jugemens & actes faits à l'audience ou au greffe.

Sentences arbitrales. . . . .

Tranfactions des bureaux de paix.

Et jugemens des Juges de paix. . . . .

qui contiendront tranfmiffion de biens-immeubles réels ou fictifs.

Cet enregiftrement doit être fait dans le délai d'un mois, au bureau établi près la juridiction du Greffier. *Art. X du Décret.*

Le Greffier n'eft point tenu de faire l'avance des droits. *Voyez à ce fujet ce qui eft dit à la lettre J, art. 4 & 5. Voyez auffi à la lettre C, art. 4,* au fujet des actes faits par les Corps municipaux & adminiftratifs, qui doivent auffi être enregiftrés dans le délai d'un mois. *Art. XIII du Décret.*

5.

ACTES

JUDICIAIRES

dans le cas d'être enregiftrés fur les expéditions, & dans quel délai.

Sont tous ceux non défignés dans l'article ci-deffus, & il n'y a d'autre délai fixé pour cet enregiftrement que celui de ne pouvoir délivrer les expéditions qu'après les avoir foumifes à cette formalité, à peine par le Greffier de payer le double des droits, *de fes deniers. Art. X du Décret. (Voyez au furplus à la lettre J, art. 4 & 5.)*

6.

ACTES

des Notaires, Greffiers & Huiffiers.

L'enregiftrement n'en peut être différé par le prépofé, ni les actes être retenus pour quelque caufe que ce foit, pas même en cas de contravention.

Mais fi un acte dont il n'y a point de minute, ou un exploit, contenoit des renfeignemens dont la trace pût être utile, le prépofé feroit fondé à en tirer copie, s'il étoit néceffaire, & la faire certifier par l'officier; & en cas de refus, à s'en procurer la collation en forme, à fes frais, fauf répétition en cas de droit, le tout dans les vingt-quatre heures de la préfentation de l'acte au bureau. *Art. XVII du Décret. (Voyez au furplus à la lettre P, art. 11.)*

A

Art.			Quotité des droits & peines, fixés par les Décret & Tarif.

7. ACTES
fous fignatures privées.
BUREAUX
où ils doivent être
enregiftrés.

Aux termes de l'article XI du Décret, les actes fous fignatures privées, doivent être enregiftrés foit au bureau du domicile du demandeur, foit à celui établi près la juridiction où il formera fa demande. *Voyez au furplus les articles 14 & 16 ci-après.*

8. ACTES { Notariés & judiciaires.

Enregiftrés dans le délai prefcrit.

Acquièrent l'hypothèque du jour de leur date. *Article X du Décret.*

9. ACTES { Notariés & judiciaires.

Enregiftrés après le délai prefcrit.

N'acquièrent la fixité de la date &l'hypothèque, que du jour de leur enregiftrement. *Art. IX & X du Décret.*

10. ACTES EXPÉDIÉS,
avec fauffe mention
de l'enregiftrement.

Si l'expédition d'un acte contient fauffe mention de la formalité de l'enregiftrement, l'officier qui s'en fera rendu coupable, doit être condamné aux peines prononcées pour le faux matériel. *Art. VIII & IX du Décret.*

11. ACTE NOTARIÉ,
à défaut d'enregiftre-
ment, ne vaudra que
comme acte fous
fignature privée.

L'article IX du Décret porte qu'à défaut d'enregiftrement dans les délais fixés, un acte paffé devant Notaire ne pourra valoir que comme un acte fous figuature privée; que le Notaire fera refponfable envers les parties, des dommages qui pourront réfulter de l'omiffion, & qu'il fera contraint, fur la demande des prépofés, à payer deux fois le montant des droits, dont l'un fera à fa charge, l'autre à celle des contractans.

Les parties, d'après le retard du Notaire, pourront elles-mêmes requérir cet enregiftrement, en acquittant une fois ce droit, fauf leur recours contre le Notaire à qui elles l'auroient déjà payé, & fauf auffi au prépofé à pourfuivre le Notaire pour le fecond droit réfultant de fa contravention.

12. ACTES JUDICIAIRES
dont le Greffier n'aura
pas reçu la fomme des
droits.

Que le Greffier en ait reçu ou non les droits, il ne peut en délivrer d'expédition avant l'enregiftrement, à peine de payer de fes deniers le double des droits. *Art. X du Décret. (Voy. au furplus à la lettre J, art. 4 & 5.)*

A ij

ART.			A	QUOTITÉ des droits & peines, fixés par les Décret & Tarif.
13.	ACTES délivrés	En brevet ou par expédition.	Avant d'avoir été soumis à la formalité de l'enregiftrement, l'officier qui a reçu les actes, eft tenu, fi c'eft un Notaire, de payer deux fois le montant des droits, dont l'un à fa charge, & l'autre à celle des contractans, & fera interdit s'il y a récidive. *Art. VIII & IX du Décret.* Et fi c'eft un Greffier, il payera de fes deniers deux fois le montant des droits. *Art. X du Décret.*	
14.	ACTES fous fignatures privées. Contenant mutation d'immeubles réels ou fictifs.		Doivent être enregiftrés dans les fix mois qui fuivront le jour de leurs dates, paffé lequel délai, fi un acte de cette nature eft produit en juftice, *ou énoncé dans* un acte authentique, il fera affujetti au payement du double droit. *Art. XI du Décret.*	
15.	ACTES fous fignatures privées. Contenant......	Inventaires.	A l'exception de ceux de commerce entre affociés, *ou* Traités de mariage, Tranfmiffion de propriété ou d'ufufruit de biens-immeubles.	Ne pourront recevoir la formalité de l'enregiftrement après le délai de fix mois expiré, qu'en payant deux fois la fomme des droits. *Art. XI du Décret.*
16.	ACTES fous fignatures privées. En général doivent être enregiftrés, même les billets à ordre,		Avant d'être fignifiés, produits en juftice, & qu'il puiffe être formé en conféquence aucune demande principale, incidente ou en *reconvention* : toute pourfuite & fignification faite au préjudice de cette difpofition fera nulle. *Art. XI du Décret.*	
16 bis.	ACTES fous fignatures privées, non contrôlés.		Les Juges n'y auront aucun égard, & ne pourront rendre aucun jugement qui en dérive, avant que ces actes ayent été enregiftrés. Les Notaires & Greffiers ne pourront auffi, fans ce préalable rempli, recevoir en dépôt lefdits actes (fi ce n'eft les teftamens), en délivrer extrait ou copie collationnée, ni paffer aucun acte ou contrats en conféquence defdits actes fous fignatures privées, fans qu'ils ayent été enregiftrés. *Art. XI du Décret.*	

Art.		A	Quotité des droits & peines, fixés par les Décret & Tarif.

A

17.

A C T E S
fous fignatures privées.

Quels font les droits auxquels ils font affujettis.

Tous les droits établis dans les claffes & fections du Tarif, feront perçus fur les actes faits fous fignatures privées, lorfqu'ils feront préfentés à l'enregiftrement, fuivant la claffe & fection à laquelle ils appartiendront, fauf le double droit, pour les actes de la première claffe feulement, & dans les cas exprimés par la Loi.

Titre particulier à la fuite de la huitième fection de la troifième claffe du Tarif.

Les lettres de change tirées de place en place ; Et leurs endoffemens.
Les extraits des livres des marchands, concernant leur commerce.........
Et les mémoires d'avance & frais dés officiers de juftice................ } Lorfqu'ils ne contiendront point d'obligation.

Les paffeports délivrés par officiers publics.

Les extraits des regiftres de....... } Naiffances, mariages & fépultures.

Article XI du Décret.

bis.
17.

A C T E S
exempts de l'enregiftrement, ou du payement des droits.

Les { Procès-verbaux, délibérations & autres actes.... } Faits & ordonnés par les Corps municipaux & adminiftratifs, paffés à leurs greffes & fecrétariats, & qui tiendront directement & immédiatement à l'exercice de l'adminiftration intérieure & de la police. *Art. XIII du Décret.*

Exploits & fignifications. } A la requête du miniftère public, fans jonction de partie civile, faits foit par Huiffiers, foit par les Brigadiers ou Cavaliers de Maréchauffée, & autres dépofitaires de la force publique, pour la pourfuite des crimes & délits. *Art. 2 de la troifième fection de la troifième claffe du Tarif.*

Jugemens & expéditions d'iceux, préparatoires ou définitifs. } En matière criminelle, à la requête, comme deffus, du miniftère public, fans jonction de partie civile. *Art. 5 de la deuxième fection de la troifième claffe du Tarif.*

Jugemens préparatoires & de pure inftruction................... } Des Juges de paix.

Art. 7 de la quatrième fection de la troifième claffe du Tarif.

Preftation de ferment des préposés à la recette du droit d'enregiftrement. *Art. XV du Décret.*

Exempts de droits.

Art.		A	Quotité des droits & peines fixés par les Décret & Tarif.

18. **A C T E S** authentiques, faits dans les pays où le contrôle étoit établi, qui n'auront pas subi toutes leurs formalités à l'époque de l'exécution du Décret du 5 décembre 1790.

{ Tous les actes publics, dans les pays ci-devant assujettis aux droits de contrôle, insinuation & accessoires, & qui à l'époque de l'exécution du Décret n'auront pas subi toutes leurs formalités, ne pourront être assujettis à plus grands droits que ceux fixés par les anciens Tarifs, pourvu qu'ils soient présentés dans le délai qui étoit prescrit.

Mais les actes & *déclarations* dont la perception seroit plus avantageuse aux parties contractantes, sur le pied fixé par le nouveau Tarif, jouiront du bénéfice de ses dispositions, à compter du jour qu'il sera exécuté. *Article XXII du Décret.*

19. **A C T E S** sous signatures privées, de date antérieure à l'époque de l'exécution du Décret.

{ Ne seront assujettis au droit d'enregistrement qu'autant qu'ils l'étoient à ceux d'insinuation & centième denier, ou dans le cas où il sera formé quelque demande en justice, ou passé quelqu'acte authentique en conséquence, & seulement *au simple droit. Article XXIII du Décret.*

ACTES notariés, &c.

Art.	A	Quotité des droits & peines, fixés par les Décret & Tarif.

20. ACTES notariés, faits en justice, ou sous signatures privées, antérieurement à l'exécution du nouveau Tarif dans les pays où le contrôle n'étoit pas établi.

Les actes en forme authentique, passés à l'époque de l'exécution du nouveau Tarif, dans les pays du Royaume qui n'étoient pas soumis au contrôle, auront leur exécution, sans être assujettis à la formalité de l'enregistrement.

Quant aux actes sous signatures privées, passés dans les mêmes pays, aussi avant l'époque de l'exécution du nouveau Tarif, ils seront enregistrés, lorsqu'il sera formé quelque demande ou passé quelques actes publics en conséquence, sans qu'on puisse exiger de doubles droits. *Art. XXIV du Décret.*

21. ACTES dont les droits auront été perçus sur le pied de la cotte d'habitation dans la contribution personnelle. Il en sera tenu compte sur ceux à payer lors de la déclaration à faire à l'événement.

Si une donation éventuelle ne transmet que des propriétés immobiliaires, il sera fait déduction des droits payés sur l'acte, lors que le donataire, à l'événement de la mutation, fera la déclaration & acquittera le droit d'enregistrement pour raison de ces immeubles. *Art. IV du Décret.*

Voyez aussi le neuvième article de la quatrième Section de la première classe du Tarif, où il est dit que sur les droits à acquitter par le survivant des époux, à cause des propriétés mobiliaires & immobiliaires à lui échues en vertu de leurs contrats de mariage, testamens ou autres dispositions, il sera déduit ce qui aura été payé par le survivant, pour l'enregistrement du *testament* ou du *don mutuel.*

22. ACTES JUDICIAIRES. Si la première expédition a payé le droit proportionnel, il n'est dû qu'un droit fixe pour les autres.

Lorsque le droit proportionnel est dû, il ne peut être exigé (des actes qui ne doivent pas être enregistrés sur les minutes) que sur la première expédition, & il ne doit être payé pour les autres que le droit simple. *Voyez à la lettre* J, *article* 5.

A

ART.			QUOTITÉ des droits & peines, fixés par le Décret & Tarif.
23.	ACTES	Des Notaires, & ceux de Greffiers reçus volontairement, ainsi que ceux judiciaires dont il résultera transmission de propriété ou de jouissance d'immeubles.	Il en doit être tenu *répertoire* jour par jour, soit que les actes soient délivrés en brevet ou qu'il en reste minute, même les testamens, à peine de 50 liv. pour chaque omission. *Art. XIV du Décret.*	50 liv. pour chaque omission.
24.	ACTES en général faits & ordonnés par les Corps municipaux & administratifs.	Tous les procès-verbaux, délibérations & autres actes faits & ordonnés par les Corps municipaux & administratifs, qui seront passés à leurs greffes & secrétariats, & qui tendront directement & immédiatement à l'exercice de l'administration intérieure & de la police, seront exempts de la formalité & des droits d'enregistrement.		Dispensés de droits.
		A l'égard de tous les autres actes ci-devant assujettis aux droits de contrôle, & qui pourront être passés par lesdits Corps municipaux & administratifs, notamment		
		Les... { Marchés, Adjudications d'entreprises, Et les baux de biens communaux & nationaux,		
		Ils seront sujets aux droits d'enregistrement dans le délai d'un mois. *Art. XIII du Décret.*		Assujettis aux droits.
25.	ACTES dont les droits sont perceptibles sur le pied de la cotte d'habitation dans la Contribution personnelle, aux termes de la deuxième classe du Tarif.	Pour la règle à suivre, *voyez à la lettre* D, *art. 9.* Si les actes concernent des étrangers, *voyez à la lettre* C, *art. 12.*		

ACTES

Art.	A		Quotité des droits & peines, fixés par les Décret & Tarif.
26.	ACTES dont l'objet n'excède pas 50ᵗᵗ	Tous actes dont les sommes & valeurs n'excéderont pas 50ᵗᵗ, & qui se trouvent compris dans la première classe, il ne sera perçu que la moitié du droit fixé pour 100ᵗᵗ dans chaque division. *Art. 2 de la 7.ᵉ section de la 1.ʳᵉ classe du Tarif.*	Moitié du droit fixé par la première classe du Tarif.
27.	ACTES en général, même D'Emprunt,	Concernant l'aliénation & revente des biens nationaux. *Voyez à la lettre V, art. 2.*	
28.	ADJUDICATIONS & Ventes	De coupes de bois nationaux, taillis ou futaies, à raison de ce qui en forme le prix.......... *Art. 5 de la première section de la première classe du Tarif.*	5ᶠ par 100ᵗᵗ
29.	ADJUDICATIONS & Ventes	De bois taillis ou futaies, autres que ceux nationaux, à raison de ce qui en forme le prix.... *Art. 2 de la 4.ᵉ section de la première classe du Tarif.*	20ᶠ par 100ᵗᵗ

ADJUDICATIONS, &c.

B

Art.	A			Quotité des droits, & peines, fixés par les Décret & Tarif.
30.	ADJUDICATIONS & VENTES	De meubles & de tous autres objets mobiliers, soit que ces ventes soient faites à l'enchère, par autorité de justice, ou autrement, à raison de tout ce qui en forme le prix .... *Art. 2 de la 4.ᵉ section de la première classe du Tarif.*		20ᶠ par 100 liv.
31.	ADJUDICATIONS ET MARCHÉS dont l'objet sera payé par le Trésor public, ou les Receveurs des Départemens, Districts & Municipalités.	Pour constructions, Réparations. Entretiens, Approvisionnemens, Et fournitures, *Art. 4 de la 1.ʳᵉ section de la 1.ʳᵉ classe du Tarif.*	Est dû, à raison de leur objet........	5ᶠ par 100 liv.
32.	ADJUDICATIONS D'IMMEUBLES réels ou fictifs, en faveur des	Hôpitaux, Écoles { d'instruction & d'éducation, Et autres établissemens publics de bienfaisance.	Il n'est dû que moitié des droits fixés par les trois classes du Tarif.. *Voyez à la lettre D, art. 9.*	Moitié des droits ordinaires.
33.	ACQUISITIONS D'IMMEUBLES réels ou fictifs,	Par les Hôpitaux & autres, comme est dit ci-dessus.	Même exception. *Voy. à la lettre H, art. 9.*	Moitié des droits ordinaires.
34.	ACTES en général,	Concernant les Hôpitaux, & autres, comme est dit ci-dessus.	Même exception. *Voy. à la lettre H, art. 9.*	Moitié des droits ordinaires.
35.	ADJUDICATIONS	De biens-immeubles réels ou fictifs, à raison du prix & des charges imposées à l'adjudicataire .... *Voyez l'article ci-après.*		40ᶠ par 100 liv.

A

ART.			QUOTITÉ des droits & peines, fixés par les Décret & Tarif.

| 36. | ACTES contenant......
 Hors en directe. | Vente ....
 Adjudication ....
 Cession ....
 Rétrocession ....

 Licitation .. { Portant adjudication à d'autres que les co-propriétaires ......

 Déclarations { De command, D'amis, Et autres de même nature, faites après les fix mois du jour des acquisitions ....

 Baux à rente ....
 Baux au-deffus de 30 ans, ou à vie fur plus d'une tête ....
 Et les
 Contrats & engagemens .... { pignoratifs, au-deffus de douze ans ... | D'immeubles réels ou fictifs eft dû, même en cas de réferve de l'ufufruit, fur le prix exprimé fans fraude, y compris le capital des redevances & de toutes les charges dont l'acquéreur eft tenu........ | 40ᶠ par 100 liv. |

Art. 1.ᵉʳ de la 6.ᵉ fect. de la 1.ʳᵉ claffe du Tarif.

Nota. Si dans ces actes fe trouvoient compris des meubles, le droit en feroit payé comme des immeubles, c'eft-à-dire, à raifon de 40 fous par 100 liv. fur tout le prix, s'il n'eft ftipulé pour les meubles un prix particulier; mais fi ce prix particulier eft ftipulé, alors il ne fera dû pour les meubles que .... | 20ᶠ par 100 liv.

Art. 2 de la 6.ᵉ fect. de la 1.ʳᵉ claffe du Tarif.

| 37. | ASSURANCES ET | A raifon de la valeur de la prime, doivent ....
 Art. 8 de la 1.ʳᵉ fect. de la 1.ʳᵉ claffe du Tarif. | 5ᶠ par 100 liv. |

| 38. | ABANDONNEMENS faits en conféquence. | A raifon de la valeur des objets abandonnés ....
 Mais en temps de guerre, les droits feront réduits à moitié ....
 Même article 8 de ladite première fection. | 5ᶠ par 100 liv.
 2ᶠ 6ᵈ par 100 liv. |

| 39. | ABANDONNEMENT | De biens, pour être vendus en direction ....
 Art. 1.ᵉʳ de la 7.ᵉ fect. de la 3.ᵉ claffe du Tarif. | 6 livres fixes. |

| 40. | ATERMOIEMENT entre un débiteur & fes créanciers. | Lorfqu'ils lui font la remife d'une partie aliquote du principal de leurs créances, eft dû, à raifon du montant des fommes que le débiteur s'oblige de payer ....
 Art. 6 de la 1.ʳᵉ fect. de la 1.ʳᵉ claffe du Tarif.

 Mais lorfqu'il ne lui fera fait aucune remife fur les capitaux, fera dû ....
 Art. 4 de la 2.ᵉ fect. de la 1.ʳᵉ claffe du Tarif. | 5ᶠ par 100 liv.

 10ᶠ par 100 liv. |

ART.		A	QUOTITÉ des droits & peines, fixés par les Décret & Tarif.
41.	ACTES & Arrêtés de comptes,	Qui contiendront obligation de sommes déterminées sans libéralité, & sans que l'obligation soit le prix de la transmission d'aucuns objets mobiliers ou immobiliers ; sera payé à raison des sommes...... *Art. 1.er de la 3.e section de la 1.re classe du Tarif.*	15f par 100 liv.
42.	ACTES maritimes.	Engagemens de matelots, Gens de mer & d'équipage, & Les quittances de leurs salaires. { à raison d'un droit de pour chaque engagement ou quittance, sans égard aux sommes stipulées dans ces actes. *Art. 2 de la 1.re section de la 3.e classe du Tarif.*	5f fixes.
		Les { connoissemens ou reconnoissances { Des chargemens par mer, à raison d'un droit de....... par chaque personne à qui les envois seront adressés. *Art. 2 de la 2.e section de la 3.e classe du Tarif.*	10f fixes.
		Les contrats d'assurance, à raison de la valeur de la prime.................... &	5f par 100 liv.
		Les abandonnemens faits en conséquence, sur le pied des objets abandonnés..............	5f par 100 liv.
		Mais en temps de guerre, les droits seront réduits à moitié.................... *Article 8 de la 1.re section de la 1.re classe du Tarif.*	2f 6d par 100 l.
		Les obligations à la grosse aventure & pour retour de voyages.................. *Art. 7 de la même 1re section.*	5f par 100 liv.
43.	ACTES DE RESPECT, ou Sommations respectueuses.	Quel que soit l'officier public qui fera la notification de ces actes.....................	20f fixes.
		Excepté par huissiers, il ne sera dû que...... *Art. 1.er de la 4.e section de la 3.e classe du Tarif, & art. 2 de la 3.e section de la même 3.e classe.*	15f fixes.
44.	ACTES qui opéreront la réunion de l'usufruit à la propriété.	Lorsque le droit aura été acquitté sur la valeur entière de l'immeuble sujet à l'usufruit, il ne sera dû pour l'acte de réunion de l'usufruit, que....... *Art. 4 de la 4.e section de la 3.e classe du Tarif.*	20f fixes.

Art.	A	QUOTITÉ des droits & peines, fixés par les Décrets & Tarif.

A

45.		
ACTES & contrats qui ne contiendront que des dispositions préparatoires & de pure formalité, ou qui ne seront seulement que l'exécution, le complément & la consommation de contrats ou actes antérieurs & en forme, tels que :	Procurations.. Compromis.. Nominations { d'experts............................... { d'arbitres............................... Simples décharges..................................... Les partages d'immeubles sans soulte ni retour............ Procès-verbaux { autres que ceux pour impôts & contraventions { aux réglemens de police générale...... Déclarations... } Consentemens. } purs & simples..................... Actes de notoriété...................................... Certificats de vie...................................... Certificats simples.................................... Affirmations.. Attestations... Oppositions.. Protestations.. Ratifications d'actes en forme........................ Abstentions & } à successions, communauté ou legs, à raison renonciations.... } d'un droit pour chaque succession ou legs. Assemblées de parens ou d'habitans.................... Autorisations.. Délivrances de legs.................................... Actes de respect ou sommations respectueuses, autres que par Huissiers... Désistemens de demande ou d'appel avant le jugement.... Résilîmens.. { de marchés & de toutes espèces de conventions, { avant que leur exécution ait été entamée, même { des contrats de ventes d'immeubles, avant que { l'acquéreur soit entré en jouissance ou payement { du prix de l'acquisition........................ Déclarations { de command } faites dans les six mois qui sui- { ou d'ami... } vront les ventes & adjudications, { } & en vertu des réserves expres- { } sément stipulées par les contrats { } & jugemens, & aux mêmes con- { } ditions que l'acquisition...... *Art. 1.er de la 4.e section de la 3.e classe du Tarif.* Titres nouvels.. Prises de possession.................................. Dépôts & consignations chez les officiers publics........ Et généralement tous les actes & contrats qui ne contiendront que *l'exécution, le complément & la consommation* de contrats anté-rieurs & immédiats, *soumis à la formalité,* sans qu'il intervienne aucunes personnes désintéressées dans les premières conventions. Néanmoins les droits des actes ci-dessus énoncés ne pourront excéder ceux qui auront été perçus sur les contrats précédens auxquels ils auront rapport. *Art. 2 de la 4.e section de la 3.e classe du Tarif.*	20 f fixes.

ART.		A PORTANT	QUOTITÉ des droits & peines / fixés par les Décrets & Tarif

46. ACTES judiciaires.

Les expéditions d'iceux définitifs, non applicables à la 1.re classe du Tarif, rendus en première instance par les tribunaux de Districts.

Nominations de :
- tuteurs . . . .
- curateurs . . . .
- commissaires . . . .
- directeurs . . . .
- ou séquestres . . . .

Appositions & reconnoissances. de scellés, par chaque vacation . . .

Clôture d'inventaire en justice . . . .

Jugemens qui donnent acte :
- d'appel . . . .
- d'affirmation . . . .
- d'acquiescement . . . .

Autorisation . . . .

Jugemens qui ordonnent qu'il sera procédé :
- à partage . . . .
- vente . . . .
- licitation . . . .
- inventaire . . . .

reconnoissance ou maintien d'hypothèque . . . .

conversion d'opposition en saisie . . .

débouté :
- d'appel . . . .
- ou d'opposition . . .

décharge de demande . . . .

déclinatoire . . . .

publication de donations . . . .

Jugemens portant entérinement :
- de lettres . . . .
- de procès - verbaux & rapports sans qu'il en résulte partage effectif ou mutation.

main-levée :
- d'oppositions . . . . .
- ou de saisie . . . . .

maintenue en possession . . . .

nantissement . . . .

Soumission & exécution de jugement . . . .

Acceptations de successions ou legs qui n'ont pas une valeur déterminée . . . . — A raison d'un droit pour chaque legs ou succession . . . .

40 sous fixes.

‡ Et généralement tous les actes & jugemens définitifs des tribunaux de Districts, rendus contradictoirement ou par défaut, en première instance, & qui ne sont pas applicables à la première classe du Tarif,

Art.	A			Quotité des droits, & peines, fixés par les Décret & Tarif
47.	ACTES ENTRE-VIFS, ou à cause de mort, contenant	Donations éventuelles d'objets indéterminés. Rappels à succession. Promesse de garder succession. Institutions contractuelles, Et autres dispositions de biens à venir. *Art. 1 & 2 de la seconde classe du Tarif.*	Non en directe, le droit sera perçu	A raison du 15.e du revenu présumé & évalué d'après la cotte d'habitation dans la contribution personnelle des contractans, & sans que le droit puisse cependant être moindre de 30 l.
		Exhérédations tant qu'elles & substitutions, subsisteront.	En directe, il ne sera payé que le demi-droit. *Art. 4 de la seconde classe du Tarif.*	Moitié du droit ordinaire.
		Mais il ne sera perçu qu'un droit pour celles faites par une personne dans le même acte ; & si la substitution est de biens désignés susceptibles d'évaluation, qui donneront ouverture à un moindre droit, en le réglant sur le pied des valeurs, telle qu'elle est fixée par la quatrième section de la première classe, en ce cas le droit sera perçu sur ce pied. . . . . *Art. 3 de la seconde classe du Tarif. Voyez au surplus à la lettre D, art. 9.*	. . . .	Le droit perceptible sur la valeur et biens.
48.	ACTES CIVILS OU JUDICIAIRES, portant	Interdiction ou séparation de biens entre maris & femmes.	Est dû	12 liv. fixes.
			sauf cependant à percevoir le droit sur le montant des condamnations & liquidations, dans le cas où celles prononcées par le jugement donneroient ouverture à de plus grands droits.	
		Art. 1.er de la 7.e section de la 3.e classe du Tarif.		
49.	ACTES JUDICIAIRES passés au greffe ou à l'audience,	qui seront simplement	préparatoires. . . . . de formalité. . . . . ou d'instruction	20.s fixes.
		Exceptés		
		Ceux des tribunaux de Districts, en matière de contribution, de délits & contraventions qui sont désignés dans la seconde section de la troisième classe du Tarif. *Art. 7 de la 4.e section de ladite 3.e classe ;*		10.s fixes.
		Et ceux des Juges de paix, qui sont déclarés exempts de tous droits d'enregistrement. *(Voyez cependant à la lettre J, art. 3.)*		Exempts de formalité.

ART.				QUOTITÉ des droits & peines, fixés par les Décret & Tarif.
		A		
50.	APPOSITION & Reconnoissance	de scellés, pour chaque vacation............... 5.º section de la 3.º classe du Tarif.		40 sous fixes.
51.	ACTE	D'appel, D'affirmation ou d'acquiescement. 5.º section de la 3.º classe du Tarif.	Le jugement qui donne acte de ces dispositions aux parties, doit..	40 sous fixes.
52.	AUTORISATION	en justice, ou devant notaire, doit...................... Art. 1.º de la 4.º section de la 3.º classe du Tarif.		20 sous fixes.
53.	ASSEMBLÉE	de parens ou d'habitans doit.................... Art. 1.º de la 4.º section de la 3.º classe du Tarif.		20 sous fixes.
54.	ACCEPTATIONS	de successions ou de legs, qui n'ont pas une valeur déterminée, 5.º section de la 3.º classe du Tarif.	à raison d'un droit pour chaque legs ou succession..	40 sous fixes.
55.	ACTE de notoriété,	doit........................ Art. 1.º de la 4.º section de la 3.º classe du Tarif.		20 sous fixes.
56.	AFFIRMATION en justice,	doit...................... Art. 1.º de la 4.º section de la 3.º classe du Tarif.		20 sous fixes.
57.	ATTESTATIONS ou certificats,	doivent................... Art. 1.º de la 4.º section de la 3.º classe du Tarif.		20 sous fixes.
58.	ABSTENTION de	communauté, succession, ou legs, Art. 1.º de la 4.º section de la 3.º classe du Tarif.	à raison d'un droit pour chaque succession ou legs, doit...........	20 sous fixes.
59.	ARBITRES.	Leurs nominations doivent.................. Art. 1.º de la 4.º section de la 3.º classe du Tarif.		20 sous fixes.
60.	APPELS.	Les significations & déclarations d'appel,	au Tribunal de District, des sentences rendues par les Juges de paix.................... Art. 3.º de la 6.º section de la 3.º classe du Tarif.	3 livres fixes.
			des jugemens des Tribunaux de Districts............... Art. 3.º de la 7.º section de la 3.º classe du Tarif.	6 livres fixes.

ACTES REFAITS

Art.	A		Quotité des droits & peines, fixés par les Décret & Tarif.
61.	ACTES REFAITS	Pour nullité ou autres caufes , fans aucuns change- mens qui ajoûtent aux objets des conventions , ou à leur valeur . . . . *Art. 5 de la 4.ᵉ fect. de la 3.ᵉ claffe du Tarif.*	10 fous fixes.
62.	ACTES CIVILS ou JUDICIAIRES,	Qui ne pourront recevoir d'application pofitive à aucune des claffes ou fections du Tarif , payeront . . . . *Art. 9 de la 4.ᵉ fect. de la 3.ᵉ claffe du Tarif.*	10 fous fixes.
63.	ACTES CIVILS ou JUDICIAIRES,	Dont le droit ne doit pas excé- der celui perçu fur les actes pré- cédens auxquels ils ont rapport . . } *Voyez ci deffus, art. 45.*	Droit limité à celui des actes antérieurs.
64.	AMENDES & AUMÔNES, & toutes autres peines pécuniaires dont les prépofés doivent faire la recette.	Los amendes d'appel. Ainfi que celles qui ont lieu , ou qui pourront être réglées dans les cas . . . . . { De caffation. Déclinatoire. Réintégrande. Évocation. Infcription de faux. Tierce oppofition. Récufation de juge, Et requête civile. Et les amendes & au- mônes , & toutes autres peines pécuniaires . . . . . . { Prononcées par forme de condamnation , Pour { Crimes & délits. Faits de police. Contravention aux réglemens des manu- factures , & autres. A la charge , par les prépofés , de rendre aux parties intéreffées , la part les concernant , *fans aucuns frais. Article XIX du Décret.*	
65.	ACADÉMIES.	Pour les droits à payer pour les acquifitions que feront ces établiffemens, *voyez la lettre II , article 9.*	

C

Art.		**A**	Quotité des droits & peines, fixés par les Décret & Tarif.

66. AMENDES ou peines pour contraventions, ou négligences, relatives à la formalité & acquits du droit d'enregistrement.

LES PARTIES.

Demi-droit en fus du fimple, pour défaut de déclaration dans les fix mois après le jour du décès, par les héritiers, légataires & donataires éventuels, de biens immobiliers. *Art. XII du Décret*..............
→ Demi-droit en fus du fimple.

Un droit en fus du fimple, pour défaut d'enregistrement dans les fix mois après le jour de leurs dates, des actes judiciaires, fentences arbitrales, tranfactions des bureaux de paix & jugemens des Juges de paix, contenant tranfmiffion de biens immeubles réels ou fictifs. *Art. X du Décret.*
→ Un droit en fus du fimple.

Un droit en fus du fimple, pour l'enregiftrement après les fix mois expirés, des actes fous fignatures privées, contenant tranfmiffion de propriété ou d'ufufruit, d'immeubles réels ou fictifs, traité de mariage, ou inventaire (à l'exception de ceux de commerce entre affociés). *Art. XI du Décret*...............
→ Un droit en fus du fimple.

Un droit en fus du fimple, fur l'omiffion ou infuffifance d'eftimation dans les déclarations, foit des biens, foit de la quotité réelle de l'impofition territoriale. *Art. VI du Décret*.............
→ Un droit en fus du fimple.

LES NOTAIRES.

Un droit en fus du fimple, & la refponfabilité des dommages envers les parties, pour tous actes non enregiftrés dans le délai prefcrit. *Art. IX du Décret.*
→ Un droit en fus du fimple.

Un droit en fus du fimple, & l'interdiction s'il y a récidive, pour tous actes délivrés, foit en brevet, foit en expédition, avant qu'ils ayent été enregiftrés. *Art. VIII du Décret.*
→ Un droit en fus du fimple.

5 o liv. pour chaque article omis d'être porté fur leur répertoire. *Art. XIV du Décret*....................
→ 5o liv. pour chaque omiffion.

LES GREFFIERS.

Deux fois la fomme des droits, de leurs deniers, pour chaque expédition délivrée avant l'enregiftrement. *Art. X du Décret.*...............
→ Deux fois la fomme des droits.

5o liv. pour chaque article omis d'être porté fur leur répertoire. *Art. XIV du Décret*....................
→ 5o liv. pour chaque omiffion.

LES HUISSIERS.

1 o liv. & la nullité, pour chaque exploit ou acte, non foumis à l'enregiftrement dans le délai prefcrit. *Art. VIII & IX du Décret.*
→ 1o liv. pour chaque omiffion.

1 o liv. auffi pour chaque exploit ou acte omis d'être porté fur leur répertoire. *Art. XIV du Décret.*......
→ 1o liv. pour chaque omiffion.

Et de plus, en cas de fauffe mention d'enregiftrement par les Notaires & Huiffiers, ils doivent être condamnés aux peines prononcées pour le faux matériel. *Art. VIII & IX du Décret.*
→ Mêmes peines qué pour le faux matériel.

A

| 67. | ACTES DE DÉPÔT des testamens notariés ou olographes. | Doivent être inscrits sur le répertoire de l'officier qui recevra le dépôt, sans autre indication que celle de la date de l'acte & du nom du testateur, & sans que le préposé puisse prendre communication de ces actes, ni aucune note qui y soit relative avant le décès des testateurs. *Art. XIV du Décret. (Voyez aussi à la lett* N, *art. 8.)* |

| 68. | ACTES { CIVILS ou JUDICIAIRES } ne sont plus sujets à vérification, après l'année de leur date. | Une année après le jour de la date des actes, les préposés ne peuvent, *sans ordonnance du juge*, en requérir la lecture : ils doivent même indiquer les noms des parties contractantes & la date des minutes dont ils voudront avoir la communication ; & s'ils en demandent des expéditions, elles leur seront délivrées, en payant 2 sous 6 deniers par chaque extrait ou rôle d'expédition, outre les frais du papier timbré. *Art. XIV du Décret.* |

C ij

ART.		**B**		QUOTITÉ des droits & peines, fixés par les Décret. & Tarif.
1.	**BUREAUX** pour l'enregistrement	Des actes civils & judiciaires, & pour la perception des droits qui en résulteront, ainsi que pour les déclarations d'immeubles réels ou fictifs. *Art. XV du Décret.*	Il en sera établi dans toutes les villes où il y a chef-lieu d'administration ou tribunal de District, & en outre dans les cantons où ils seront jugés nécessaires, après avoir entendu les Directoires de Districts & de Département.	
2.	**BUREAUX** pour l'enregistrement des actes civils, &c.	Leur arrondissement ne pourra s'étendre sur aucune paroisse qui ne seroit pas du même District. *Art. XV du Décret.*		
3.	**BUREAUX** pour l'enregistrement des actes civils, &c.	On ne pourra a l'avenir y préposer aucun Notaire, Pocureur, Greffier ni Huissier, non plus qu'aucun juge ni Commissaire du Roi. *Art. XV du Décret.*		
4.	**BAUX** des biens *communaux & nationaux,* & autres actes	Concernant les Corps administratifs & municipaux. *(Voyez à la lettre* C, *art. 4.) Voyez aussi art. XIII du Décret.*		
5.	**BAUX À FERME** ou à loyer au-dessous de 30 ans, d'immeubles réels.	D'une seule année, à raison de ce qui en formera le prix... *Art. 2 de la 3.ᵉ section de la 1.ʳᵉ classe du Tarif.* Au-dessus d'une année jusqu'à douze inclusivement, Et les Sous-baux...... Cessions....... Subrogations..... ou Rétrocessions... {Desdits baux, s'ils doivent durer encore plus d'une année..} Sera perçu, à raison du prix de la location annuelle....... *Art. 4 de la 5.ᵉ section de la 1.ʳᵉ classe du Tarif.* Et pour les mêmes baux au-dessus de douze ans jusqu'à trente inclusivement, Ainsi que pour lessous-baux, &c. si leur durée doit excéder douze années, sera perçu à raison du prix de la location annuelle... *Article 2 de la 7.ᵉ section de la 1ʳᵉ classe du Tarif.*	1 ſ par 100 liv. 3 0 ſ par 100 liv. 3 l par 100 liv.	

B

Art.				QUOTITÉ des droits & peines, fixés par les Décret & Tarif.
6.	BAUX à FERME ou à loyer, d'Immeubles réels,	au-dessus de 30 ans,	À raison du capital d'une année de la redevance.............. *Art. 1.er de la 6.e section de la 1.re classe du Tarif.*	40^f par 100 liv.
7.	BAUX EMPHYTÉOTIQUES au-dessus de 30 ans.	*Voyez l'art. ci-dessus.*		
8.	BAUX à VIE d'immeubles réels,		Sur une tête, à raison du capital, au denier dix, de la redevance..................... *Art. 8 de la 4.e section de la 1.re classe du Tarif.* Et sur plus d'une tête, à raison aussi du capital, au denier dix, de la redevance..................... *Art. 1.er de la 6.e section de la 1.re classe du Tarif.*	20^f par 100 liv. 40^f par 100 liv.
9.	BAUX DE PÂTURAGES,		jusqu'à douze années inclusivement, sur le pied d'une année de la location..................... *Art. 10 de la 1.er section de la 1.re classe du Tarif.* Pour ceux au-dessus de douze années jusqu'à trente inclusivement, sur le pied aussi d'une année de la location..................... *Art. 5 de la 5.e section de la 1.re classe du Tarif.*	5^f par 100 liv. 30^f par 100 liv.
10.	BAUX DE NOURRITURE des enfans mineurs.		À raison de la location annuelle ou prix d'une année... *Art. 3 de la 1.er section de la 1.re classe du Tarif.*	5^f par 100 liv.
11.	BAUX à rente d'immeubles,		Sur le capital ; à raison de..................... *Art. 1.er de la 6.e section de la 1.re classe du Tarif.*	40^f par 100 liv.
12.	BAUX À CHETEL, & reconnoissance	de bestiaux.	Sur l'évaluation qui se trouvera dans l'acte, ou à défaut, d'après l'estimation qui sera faite du prix des bestiaux. *Art. 9 de la 1.er sect. de la 1.re classe du Tarif.*	5^f par 100 liv.
13.	BILLETS à ORDRE.		en conséquence desquels il sera formé quelque demande principale, incidente ou en reconvention........ *Art. XI du Décret, & art. 3 de la 1.er section de la 1.re classe du Tarif.*	5^f par 100 liv.

ART·		QUOTITÉ des droits & peines, fixés par les Décret & Tarif.

B

14. BÉNÉFICE { d'âge, d'inventaire & de rescision. } { Par acte ou jugement, en quelque nombre que soient les impétrans.......... Art. 1.er de la 7.e sect. de la 3.e classe du Tarif. } — 6 livres fixes.

15. BIENS COMMUNAUX. { Pour les baux d'iceux, voyez art. 4 ci-dessus, & la lettre C aussi art. 4.

16. BIENS NATIONAUX. { Pour les baux d'iceux, voyez comme à l'art. ci-dessus. Et pour le droit d'enregistrement des actes { D'aliénation, Ventes, Reventes & Subrogation } de ces biens, Ainsi que des actes d'emprunts faits les concernant. Voyez à la lettre V, art. 2.

17. BUREAUX DE PAIX. { Les transactions par eux passées, qui contiendront transmission de biens-immeubles, réels ou fictifs, seront enregistrées sur les minutes, dans le délai d'un mois au bureau établi près la justice du greffier. Art. X du Décret. (Voyez aussi à la lettre G, art. 3 & 4.)

C

Art.				Quotité des droits & peines, fixés par les Décret & Tarif.
1.	CONTRIBUTION personnelle, lorsqu'elle doit servir à fixer les droits des actes.	Pour la règle à suivre, *voyez à la lettre* D *, art. 6 & 9.*		
2.	CONTRAVENTIONS relatives à l'enregistrement des actes & déclarations.	Sont proscrites après le laps de trois ans. *Art. XVIII du Décret.*		
3.	COLLECTEURS des CONTRIBUTIONS & Tous dépositaires de rôles desdites contributions,	Directes, personnelles & foncières,	Doivent donner communication de ces rôles aux préposés à la perception des droits d'enregistrement, & leur en laisser prendre des extraits à toute réquisition sur papier libre, & les certifier sans frais. *Art. XX du Décret.*	
4.	CORPS	municipaux & administratifs.	Actes par eux faits ou ordonnés, & passés à leurs greffes, Tels que Procès - verbaux , délibérations , & autres actes qui tiendront directement & immédiatement à l'exercice de l'administration intérieure & de la police , feront exempts de la formalité & des droits d'enregistrement.	Dispensés de la formalité & des droits.
		A l'égard de tous les autres actes ci-devant assujettis aux droits de contrôle, & qui pourront être passés par lesdits Corps municipaux & administratifs, notamment Les { Marchés & adjudications d'entreprises, ET Baux de biens { communaux & nationaux,	ils feront sujets au droit d'enregistrement dans le délai d'un mois. *Art. XIII du Décret.*	Assujettis aux droits.

Art.				Quotité des droits & peines, fixés par les Décret. & Tarif.
	C			
5.	CAUTIONNEMENS	Des tréforiers, receveurs & commis, *Art. 2 de la 1.re fect. de la 1.re claffe du Tarif.*	Pour fûreté des deniers qui leur font confiés, doivent...	5f par 100 liv.
6.	CAUTIONNEMENS faits & reçus en juftice,	Dans quelques tribunaux que ce foit... *Art. 1.er de la 1.re fect. de la 1.re claffe du Tarif.*	Pour des fommes déterminées...................	5f par 100 liv.
7.	CAUTIONNEMENS ET INDEMNITÉS,	Autres que ceux ci-deffus...........	De fommes en valeurs déterminées............ *Art. 3 de la 2.e fect. de la 1.re claffe du Tarif.*	10f par 100 liv.
			Nota. Par la fixième fection de la troifième claffe du Tarif, le droit des indemnités dont l'objet n'eft pas eftimé, eft fixé à *trois livres*..........	3 livres fixes.
8.	CONTRATS DE MARIAGE.	Si le droit d'enregiftrement en eft perçu fur les revenus préfumés des contractans, d'après la cotte d'habitation, *voyez la lettre* D, *article 9.* Il fera perçu de plus, les droits auxquels pourront donner lieu les difpofitions faites en faveur des conjoints, par des collatéraux ou étrangers. *Voyez la lettre* D, *art. 9, & l'art. 6 de la 2.e claffe du Tarif.*		
9.	CONTRATS DE MARIAGE.	On a l'option d'en régler le droit d'enregiftrement, foit fur les fommes, foit à raifon des contributions perfonnelles, fur le pied fixé par la 2.e claffe du Tarif. *Voyez au furplus l'art. ci-après, & l'art. 1.er de la 2.e fect. de la 1.re claffe du Tarif.*		
10.	CONTRATS DE MARIAGE.	Le droit d'enregiftrement, foit qu'il foit perçu fur les fommes & biens, foit qu'il foit liquidé fur le pied de la 2.e claffe du Tarif, ne peut être moindre de.. *Art. 1.er de la 2.e fect. de la 1.re claffe du Tarif.*		30 fous fixes.

Art.		C	QUOTITÉ des droits & peines, fixés par les Décret & Tarif.
		Quelques conventions que ces actes contiennent entre les futurs époux & leurs pères & mères, à raison de toutes les sommes, biens & objets qui y sont défignés, comme appartenant aux conjoints, ou leur étant donnés, cédés ou constitués en directe, doivent..	10f par 100 liv.
11.	CONTRATS DE MARIAGE passés devant notaires, & avant la célébration.	A l'égard des ceffions & donations qui leur feront faites par des parens collatéraux ou par des étrangers, les droits en feront perçus fur le pied de vingt fous par cent livres, fixés par la quatrième fection de la première claffe du Tarif, pourvu que ce foit d'objets préfens & défignés..........................	20f par 100 liv.
		Et s'il s'agit au contraire de biens à venir, le droit fera réglé fur le pied de la feconde claffe, c'eft-à-dire, d'après le revenu préfumé par la cotte d'habitation de la contribution perfonnelle des contractans. *Voyez à ce fujet la lettre* D, *art. 6 & 9, & la 2.e claffe du Tarif.*	A raifon de la cotte d'habitation dans la contribution perfon- nelle.
		Le droit d'enregiftrement de ces contrats de mariage, ne pourra être moindre, au total, de trente fous ; & dans tous les cas, il pourra être réglé fur le pied, foit de la première, foit de la feconde claffe, c'eft-à-dire, foit fur le pied de dix fous, ou de vingt fous par cent, foit d'après la cotte d'habitation dans la contribution perfonnelle des contractans................... *Voyez à la lettre* D, *art. 9 & 14. Voyez auffi art. 1.er de la 2.e fect. de la 1.re claffe du Tarif, & les art. 4 & 5 de la 2.e claffe,* où il fe trouve des explications effentielles pour connoître les divers droits perceptibles fur les contrats de mariage.	30f fixes ; au moins.

D.

C

Art.		C	QUOTITÉ des droits & peines, fixés par les Décret & Tarif.
12.	CONTRATS ou TRAITÉS DE MARIAGE faits sous seing-privé, dans les pays où ils sont autorisés par les usages, loix & coutumes,	Qui seront présentés à l'enregistrement dans le délai de six mois après leur date ; à raison des sommes, biens & objets énoncés appartenir aux conjoints, ou qui leur seront constitués en ligne directe, sera payé........ *Art. 4 de la troisième section de la première classe du Tarif.* Sans préjudice des droits résultant des donations qui pourroient être faites aux conjoints par des collatéraux ou étrangers, & qui seroient perceptibles, comme il est dit à l'article précédent. *Art. 1.er de la 2.e section de la 3.e classe du Tarif.* *Nota. Lorsque les contrats de mariage sous seing-privé ne seront soumis à l'enregistrement qu'après les six mois de leur date, il sera dû le double des droits. Art. XI du Décret.*	15ᶠ par 100 liv. Double droit.
13.	CONTRATS DE MARIAGE passés devant Notaires, postérieurement à la célébration.	Il est dû comme à l'article précédent, pour ce qui appartient aux conjoints, ou leur est donné en directe.. Et pour les avantages qui leur sont faits autrement qu'en ligne directe, les droits en sont perceptibles comme il est dit à l'article 11 ci-dessus. *Voyez art. 4 de la 3.e section de la 1.re classe du Tarif.*	15ᶠ par 100 liv.
14.	CESSIONS ou DONATIONS par contrat de mariage,	Soit de meubles ou immeubles, aux futurs époux, par des parens collatéraux ou étrangers, Sera payé, s'il s'agit de biens présens & désignés.. Et s'il s'agit de biens à venir, le droit sera réglé comme il est dit, art. 11 ci-dessus................. *Art. 1.er de la 2.e section de la 1.re classe du Tarif.*	20ᶠ par 100 liv. A raison de la cotte d'habitation dans la contribution personnelle.

Art.	C		Q U O T I T É des droits & peines, fixés par les Décret & Tarif.
15.	CONTRATS ou ACTES dont les droits doivent être liquidés d'après la cotte d'habitation dans la contribution personnelle des contractans.	Si l'on refuse de faire déclaration du montant de la cotte d'habitation dans la contribution perfonnelle, le prépofé eft fondé à exiger un droit de. . . . . *Art. 6 de la 2.ᵉ claffe du Tarif. (Voyez au furplus la lettre* D *, art. 9.)*	100 livres provifoirement.
16.	MÊMES CONTRATS que deffus, les parties ne fe trouvant pas impofées à la contribution perfonnelle.	Si les contractans ne font pas impofés à la contribution perfonnelle, *à caufe de la modicité de leurs facultés*, en ce cas, les actes en queftion ne feront fujets qu'à un droit de. . . . . *Art. 6 de la 2.ᵉ claffe du Tarif.*	30 fous fixes.
17.	MÊMES CONTRATS concernant des étrangers.	Ils feront affujettis aux mêmes règles & aux mêmes droits que tous autres, & dans le cas où les étrangers n'auroient pas été impofés à la contribution perfonnelle, le droit fera réglé fur la déclaration qu'ils feront tenus de faire de leurs revenus. *Voyez le dernier alinéa de l'article 6 de la 2ᵉ claffe du Tarif.*	
18.	CONTRATS dont l'objet n'excèdera pas 50ᴴ.	Pour tous les actes compris dans la première claffe, dont l'objet n'excèdera pas 50ᴴ, il ne fera perçu que moitié du droit fixé pour 100ᴴ dans chaque divifion. *Art. 2 de la 7.ᵉ fection de la 1.ʳᵉ claffe du Tarif.*	

CONTRAT, &c.
D ij

C

ART.				QUOTITÉ des droits & peines, fixés par les Décret & Tarif.
19.	**CONTRAT** contenant obligation ou promesse de payer.	Si c'est de sommes déterminées, sans libéralité & sans que l'obligation soit le prix de la transmission d'aucuns objets mobiliers ou immobiliers, sera payé........ *Art. 1.er de la 3.e section de la 1.re classe du Tarif.*		15f par 100 liv.
20.	**COMPTES ARRÊTÉS.**	Les arrêtés de comptes qui contiendront obligation de sommes déterminées, sans libéralité & sans que l'obligation soit le prix de la transmission d'aucuns objets mobiliers ou immobiliers, sera payé............ *Art. 1.er de la 3.e section de la 1.re classe du Tarif.*		15f par 100 liv.
21.	**CONSTITUTIONS DE RENTES**	perpétuelles ou viagères.	doivent sur le pied de............ *Art. 1.er de la 4.e section de la 1.re classe du Tarif.* *Nota.* Pour les reconstitutions de rentes dues par l'État, *voyez à la lettre R, article XII.*	20f par 100 liv.
22.	**CESSIONS** DE	Biens meubles, Coupes de bois taillis ou futaies, autres que ceux nationaux, Et de tous autres objets mobiliers. *Art. 2 de la 4.e sect. de la 1.re classe du Tarif.*	soit que ces ventes soient faites à l'enchère, par autorité de justice ou autrement, à raison de tout ce qui en formera le prix..	20f par 100 liv.
23.	**CESSIONS** de biens-immeubles réels ou fictifs,	Entre co-propriétaires.	Passées devant les officiers publics, à raison du prix de ce qui sera transporté aux cessionnaires........ *Art. 3 de la 4.e sect. de la 1.re classe du Tarif.*	20f par 100 liv.
24.	**CESSION** de biens-immeubles réels ou fictifs,	En directe, hors contrats de mariage.	Sera payé................ *Art. 4 de la 4.e sect. de la 1.re classe du Tarif.*	20f par 100 liv.
25.	**CESSIONS** ou **VENTES**	D'usufruit, non en directe,	d'immeubles réels ou fictifs, par des héritiers, légataires & donataires éventuels, à raison du prix stipulé. *Art. 8 de la 4.e section de la 1.re classe du Tarif.*	40f par 100 liv.
			Nota. En directe, il ne seroit dû que...................... *Voyez ci-après art. 26.*	20f par 100 liv.

ART.	C			QUOTITÉ des droits & peines, fixés par les Décret & Tarif.
26.	**C E S S I O N** D'USUFRUIT, hors contrat de mariage,	En directe, par acte entre-vifs,	De biens-meubles & immeubles ; *S A V O I R :* A titre gratuit, fur la valeur entière... A titre onéreux, fur le prix ftipulé... *Art. 5 de la 2.ᵉ fection de la 1.ʳᵉ claffe du Tarif.*	1 0ᶠ par 100 liv. 2 0ᶠ par 100 liv.
27.	**C E S S I O N S** D'IMMEUBLES en propriété, non en directe, ni par contrats de mariage.		A raifon du prix ftipulé.................. *Art. 1.ᵉʳ de la 6.ᵉ fection de la 4.ᵉ claffe du Tarif.*	4 0ᶠ par 100 liv.
28.	**C E S S I O N S** de Biens nationaux.		*Voyez à la lettre V, article 2.*	
29.	**C E S S I O N S** de BAUX À LOYER ou à ferme,	ET pour les autres ceffions dont il reftera à expirer	D'une feule année, à raifon de ce qui en formera le prix. *Art. 2 de la 3.ᵉ fection de la 1.ʳᵉ claffe du Tarif.* Plus d'une année jufqu'à 12....... *Art. 4 de la 5.ᵉ fection de la 1.ʳᵉ claffe du Tarif.* ET au-deffus de 12 ans jufqu'à 30..... *Art. 2 de la 7.ᵉ fection de la 1.ʳᵉ claffe du Tarif.*	1 5ᶠ par 100 liv. 3 0ᶠ par 100 liv. 3 liv. par 100 liv.
30.	CONTRE-LETTRES		paffées fur des baux ou fur d'autres actes & contrats ; les droits en feront perçus à raifon des effets qui en réfulteront ; *S A V O I R :* Lorfqu'il s'agira feulement de réduire ou de modifier les conventions ftipulées par des actes antérieurs qui auront été enregiftrés........................... Et à raifon du triple des droits fixés par le Tarif, fur toutes les fommes & valeurs que la contre-lettre ajoutera aux conventions antérieurement arrêtées par des actes en forme........ *Art. 2 de la 7.ᵉ fection de la 1.ʳᵉ claffe du Tarif.*	2 0ᶠ fixes. Triple des droits ordinaires.

C

Art.			Quotité des droits & peines, fixés par les Décrets & Tarif.
31.	C O N T R A T S d'affurances.	A raifon de la prime................	5ᶠ par 100 liv.
	E T les abonnemens faits en conféquence.	Sur le pied de la valeur des objets abandonnés.. Mais en temps de guerre, les droits feront réduits à moitié........................ Art. 8 de la 1.ʳᵉ fection de la 1.ᵉ claffe du Tarif.	5ᶠ par 100 liv. 2ᶠ6ᵈ par 100 liv.
32.	CONTRATS pignoratifs, E T . Engagemens d'immeubles, conventionnels ou judiciaires.	Stipulés jufqu'à douze années inclufivement, en proportion du montant des créances.......... Art. 6 de la 4.ᵉ fection de la 1.ʳᵉ claffe du Tarif. Et pour ceux au-deffus de douze années....... Art. 1.ᵉʳ de la 6.ᵉ fection de la 1.ʳᵉ claffe du Tarif.	2oᶠ par 100 liv. 4oᶠ par 100 liv.
33.	C O N T R A T S portant	Délaiffement, Déguerpiffement, Rrenvoi, & Rentrée en poffeffion } De biens immobiliers, faute de payement de la rente, ou d'exécution de claufes du premier contrat, ou en vertu de retrait conventionnel......	2oᶠ par 100 liv,
		Mais dans le cas où le contrat antérieur auroit été jugé radicalement nul, comme dans celui où il n'auroit pas été exécuté, foit par l'entrée effective de l'acquéreur en jouiffance, foit par le payement du tout ou partie du prix, les droits ne feront payés que fur le pied de la 4.ᵉ fection des actes de la 3.ᵉ claffe, c'eft-à-dire un droit de............. Art. 7 de la 4. fection de la 1.ʳᵉ claffe du Tarif.	2o fous fixes,
34.	C O N T R A T S & Actes	Qui ne contiendront que des difpofitions préparatoires & de pure formalité.................. Voyez le détail de ces fortes d'actes, à la lettre A, art. 45.	2o fous fixes,

C

Art.			Quotité des droits & peines, fixés par les Décret & Tarif.
35.	CONTRATS & ACTES en général,	Qui ne contiendront que l'exécution, le complément & la confommation de contrats antérieurs & immédiats, foumis à la formalité, fans qu'il intervienne aucune perfonne défintéreffée dans les premières conventions, ne fera dû que.. Néanmoins les droits de ces actes ne pourront excéder ceux qui auront été perçus fur les contrats précédens, auxquels ils auront rapport. *Voyez au furplus, pour le détail de ces actes, la lettre A, art. 45.*	20 fous fixes. Le droit ne pourra excéder celui der actes antérieurs,
36.	CODICILES, ou plufieurs teftamens par la même perfonne.	Les droits fur l'un de ces actes feront perçus fur le pied de la feconde claffe du Tarif. *Voyez à la lettre T, art. 6.* Ils feront réglés pour les autres à 20 fous, en raifon de la 4.ᵉ fection des actes de la 3.ᵉ claffe............ *Art. 1.ᵉʳ de la feconde claffe du Tarif.*	20 fous fixes.
37.	COMPROMIS	fur le pied d'acte fimple, doivent................. *Voyez à la lettre A, art. 45.*	20 fous fixes.
38.	CONSENTEMENT	pur & fimple, doit......................... *Voyez à la lettre A, art. 45.*	20 fous fixes.
39.	CERTIFICATS & ATTESTATIONS	purs & fimples, doivent...................... *Voyez à la lettre A, art. 45.*	20 fous fixes.
40.	CERTIFICATS DE VIE	doivent................................. *Voyez la lettre A, art. 45.*	20 fous fixes.
41.	COMMUNAUTÉ DE BIENS.	La renonciation qu'on y fait, doit.............. *Art. 1.ᵉʳ de la 4.ᵉ fection de 3.ᵉ claffe du Tarif.*	20 fous fixes.

C

Art.			QUOTITÉ des droits & peines, fixés par les Décrets & Tarif
42.	CONSIGNATION & dépôt	chez les officiers publics, doivent............... *Voyez la lettre A, art. 45.*	20 sous fixes.
43.	CONNOISSEMENS ou reconnoissances	des chargemens *par mer*, à raison d'un droit par chaque personne à qui les envois seront adressés........... *Art. 2 de la seconde section de la 3.ᵉ classe du Tarif.*	10 sous fixes.
44.	COPIES ou extraits	Collationnés. — d'actes ou contrats par les officiers publics, à raison d'un droit, par chaque pièce, de *Art. 3 de la seconde section de la 3.ᵉ classe du tarif. (Voyez l'art. ci-après.)*	10 sous fixes.
45.	COPIES ou extraits,	Collationnés, — d'actes & titres nécessaires à la liquidation & au remboursement d'office par l'État. *Nota.* Par un Décret de l'Assemblée Nationale, du 28 novembre 1790, il est dit, *article XIII*, que le contrôle des expéditions délivrées par les Notaires de provinces, *ou vidimées par eux*, des titres & quittances de finance, provisions ou autres actes nécessaires aux titulaires d'offices pour parvenir à leur liquidation, sera irrévocablement fixé pour tous droits à 15ᶠ; cependant ce Décret ne paraissant pas sanctionné par le Roi, ne sera placé ici que pour.......................... *Mémoire.*	
46.	CONTRATS	Notariés & judiciaires. — Acquièrent l'hypothèque du jour de leur date, lorsqu'ils sont enregistrés dans le délai prescrit. Et passé ce délai, ils n'acquièrent d'hypothèque que du jour qu'ils sont enregistrés. *Art. X du Décret.*	
47.	COLLÉGES.	Pour les acquisitions qu'ils pourront faire, & les droits à percevoir, *voyez à la lettre H, art. 9.*	

ACTES

C

ART.				QUOTITÉ des droits & peines, fixés par les Décrets & Tarif.
48.	CONTRATS	d'union & de direction	de créanciers, doivent....... Art. 1.er de la 7.e sect. de la 3.e classe du Tarif.	6 livres fixes.
49.	CURATEURS.		Leur acte de nomination en justice, doit....... 5.e sect. de la 3.e classe du Tarif.	40 sous fixes.
50.	CLOTURE		d'inventaire en justice, doit............... 5.e sect. de la 3.e classe du Tarif.	40 sous fixes.
51.	COMMISSAIRES, DIRECTEURS ou SÉQUESTRES.		Leur acte de nomination en justice, doit....... 5.e sect. de la 3.e classe du Tarif.	40 sous fixes.
52.	CONVERSION d'opposition en saisie.		Le jugement qui fait cette conversion, doit..... 5.e sect. de la 3.e classe du Tarif.	40 sous fixes.
53.	CONTRATS ET ACTES	Civils & judiciaires,	qui ne pourront recevoir d'application positive à aucune des classes ou sections du Tarif, payeront.... Art. 9 de la 4.e sect. de la 3.e classe du Tarif.	20 sous fixes.
54.	CONTRATS passés antérieurement à l'exécution du nouveau Tarif, soit notariés ou sous signatures privées, qui n'auront pas acquitté tous les droits prescrits.	Dans les pays où le contrôle étoit établi. Dans les lieux où le contrôle n'avoit pas lieu.	Voyez, pour la règle à suivre à cet égard, à la lettre A, art. 18, 19 & 20.	

E

C

ART.		QUOTITÉ des droits, & peines, fixés par les Décrets & Tarif.
55.	**CONTRAVENTIONS** relatives au droit d'enregiftrement & aux omiffions fur les répertoires des officiers publics..	Pour les peines qui en réfultent, *voyez la lettre A, art. 66.*
56.	**COMMUNICATION** d'actes aux prépofés, par les officiers publics.	Elle fe borne feulement aux actes paffés dans l'année antérieure, à compter du jour où cette communication eft demandée. A l'égard des actes plus anciens ; les prépofés ne pourront, fans ordonnance de juge, en requérir la lecture ; ils devront même indiquer la date & les noms des parties contractantes, des minutes dont ils voudront avoir la communication ; & s'ils en demandent des expéditions, elles leur feront délivrées en payant deux fous fix deniers par chaque extrait ou rôle d'expédition, outre les frais du papier timbré. *Art. XIV du Décret.*
	COMMUNAUX.	Les baux d'iceux doivent être enregiftrés. *Art. XIII du Décret. (Voyez auffi art. 4 ci-deffus).*
57.		

D

Art.				QUOTITÉ des droits & peines, fixés par les Décret. & Tarif.
1.	D R O I T S DE CONTRÔLE des actes, insinuation, centième denier, & autres y joints,	à compter du 1.er février 1791.	feront abolis dans tout le royaume. Art. Ier du Décret du droit d'enregistrement.	
2.	D R O I T D'ENREGISTREMENT en remplacement de ceux de contrôle, insinuation, centième denier, & autres y joints,	à compter du 1.er février 1791.	doit être perçu dans toute l'étendue du royaume. Art. Ier & II du Décret.	
3.	D R O I T. D'ENREGISTREMENT des actes	civils & judiciaires.	La perception de ce droit ne doit avoir aucun effet rétroactif, aux termes de l'art. XXI du Décret. Voyez cependant à la lettre A, art. 18, 19 & 20.	

Pour les actes,

La perception à en faire suivra chaque série de 100 liv. inclusivement & sans fraction * pour tout ce qui formera le prix ou la valeur des objets, en principal & accessoires, y compris le capital des redevances & de toutes les charges dont les acquéreurs seront tenus.
* Voyez cependant art. 7 ci-après.

4. D R O I T D'ENREGISTREMENT ; de quelle manière il doit être liquidé.

Pour les actes, la somme du droit sera réglée suivant les différentes classes & sections du Tarif, auxquelles se rapporteront les dispositions qui ne dériveront pas nécessairement les unes des autres.

E T

dans le cas de succession, ou à l'événement de donation éventuelle & pour toutes transmissions opérées sans acte, les droits seront liquidés ;

S A V O I R :

Pour les propriétés mobilières & les immeubles fictifs, d'après la déclaration estimative des parties.

Et pour les immeubles réels, d'après la déclaration à faire de ce que ces immeubles payent de contribution foncière & dans le rapport du principal au denier 25 du revenu desdits biens. Art. V & VII du Décret. Voyez les deux articles ci-après.

E ij

ART.		QUOTITÉ des droits & peines, fixés par les Décret & Tarif.

D

5.

DROIT D'ENREGISTREMENT *provisoire*, à percevoir, faute d'estimation ou de déclaration.

A défaut de déclaration du prix ou d'estimation de tous les objets désignés, le droit sera perçu sur une évaluation provisoire de 15000.^{tt}

Mais les contractans auront pendant une année, à compter du jour de l'enregistrement, la faculté de faire leur déclaration de la vraie valeur des objets qu'ils auront omis d'estimer; d'après cela le droit sera augmenté ou réduit dans la proportion de cette évaluation que les parties ne pourront se dispenser de faire pour se soustraire au droit qui surpasseroit la fixation provisoire.

Art. V du Décret.

Droit provisoire.

6.

DROIT D'ENREGISTREMENT à percevoir dans le cas de dispositions éventuelles.

Pour les actes dont les objets ne seront pas évalués, soit parce que cette évaluation dépend de circonstances éventuelles, soit parce qu'il n'y a pas lieu d'en exiger l'évaluation. Le droit d'enregistrement sera payé à raison du 15.e du revenu des contractans ou testateurs, & leur revenu sera évalué d'après leur cotte d'habitation, dans la contribution personnelle, sans que le droit puisse être moindre de 30 sous.

Voyez la 2.e classe du Tarif, & l'art. IV du Décret.

Droits dus sur le pied du 15.e du reven.

Et 30 sous au moins.

Nota. Dans le cas où un acte de l'espèce de ceux ci-dessus, ne transmettroit que des propriétés immobiliaires, il sera fait déduction de la somme payée pour l'enregistrement de cet acte, sur celle que le propriétaire acquittera lors de la déclaration qu'il sera tenu de faire pour raison de ces immeubles. *Voyez art. IV du Décret, & art. 9 ci-après.*

DROIT D'ENREGISTREMENT

Art.	D	Quotité des droits & peines, fixés par les Décret & Tarif.

7. **DROIT** D'ENREGISTREMENT des actes, dont les sommes & valeurs sont au-dessous de 50 liv. — Il doit être réduit à moitié du droit fixé pour 100 liv. pour tous les actes compris dans la 1.re classe du Tarif. *Voyez la 7.e section de cette classe.* | Demi-droit.

8. **DÉCLARATIONS** d'immeubles réels ou fictifs, en propriété ou usufruit.

Par Héritiers, Légataires, ou Donataires éventuels, — doivent être faites au plus tard dans les six mois qui suivront le jour de l'événement de la mutation, par décès ou autrement ;

SAVOIR:

Pour les immeubles réels, — au bureau dans l'arrondissement duquel seront situés les biens :

ET

Pour les immeubles fictifs, — au bureau établi près le domicile du dernier possesseur.

Si les déclarations ne sont faites qu'après le délai de six mois qui suivra le jour de l'événement de la mutation ; alors, outre les droits ordinaires d'enregistrement, les contribuables devront payer moitié de la somme en quoi ils consistent. | Mi-droit en sus du simple.

Art. XII du Décret.

D

Il fera fait déclaration du montant de la cotte d'habitation dans la contribution perfonnelle des contractans ou des perfonnes dont l'impofition devra fervir à fixer les droits, d'après les rôles qui auront immédiatement précédé la date des actes entre-vifs, & la préfentation au bureau, des actes de dernière volonté, à l'effet d'établir la perception conformément au préfent Tarif, c'eft-à-dire, à raifon du quinzième du revenu des contractans ou teftateurs, fans que le droit puiffe être moindre de trente fous ; & faute de cette déclaration, il fera perçu provifoirement une fomme de cent livres. . . . .

A raifon du 15.e du revenu, fans que le droit puiffe être moindre de 30 fous.

Art. 6 de la 2.ᵉ claffe du Tarif.
Et art. IV du Décret.

Mais les parties auront alors la faculté de juftifier de la fomme de ladite contribution pendant une année, à compter du jour de l'enregiftrement ; les droits feront réduits en conféquence, & l'excédant fera reftitué, fans que l'on puiffe être difpenfé de payer le fupplément qui feroit demandé par le prépofé en vertu defdits rôles, dans le cas où il en réfulteroit un droit qui furpafferoit la perception provifoire ci-deffus établie.

100 livres provifoirement.

Les contrats de mariage dont le droit fera perçu fur les revenus préfumés des contractans, d'après la cotte d'habitation, feront de plus affujettis au payement des droits, fur les difpofitions faites en faveur des conjoints par des collatéraux ou des étrangers.

9. **D R O I T S,**

lorfqu'ils font perceptibles fur la contribution perfonnelle des contractans.

Règle à fuivre.

La perception du droit fur les revenus préfumés, ne fera affife que fur ceux du futur feulement ; & dans le cas où il ne feroit pas impofé perfonnellement, l'affiette du droit fe fera à raifon du revenu préfumé du père pour la moitié feulement, fi le futur eft feul héritier, & dans le cas où le futur auroit des frères & fœurs, pour une portion de cette moitié, relative au nombre des enfans exiftans lors du contrat de mariage.

La même règle aura lieu pour les autres actes fujets au droit de la feconde claffe, lorfqu'ils feront paffés par des enfans de famille qui ne feront pas impofés perfonnellement.

Les actes de cette feconde claffe, qui feront paffés par des perfonnes non impofées à la contribution perfonnelle, à caufe de la modicité de leurs facultés, ne feront fujets qu'au droit de trente fous. . . . .

30^s au moins.

Enfin, les étrangers payeront les mêmes droits ; & dans le cas où ils n'auroient pas été impofés à la contribution perfonnelle, le droit fera réglé fur la déclaration qu'ils feront tenus de faire de leurs revenus.

Art. 6 la 2.ᵉ claffe du Tarif.

ART.	D.	QUOTITÉ des droits & peines, fixés par les Décret & Tarif.
10.	**DONATIONS** éventuelles en propriété ou ufufruit, au furvivant des époux, par leurs contrats de mariage. ⎞ Pour les droits à percevoir, *voyez à la lettre C, art. 11.*	
11.	**DONS MUTUELS** entre maris & femmes. ⎞ Le droit en eft dû à raifon de la cotte d'habitation dans la contribution perfonnelle des contractans. *Art. 6 de la 2.ᵉ claffe du Tarif.*	A raifon de la cotte d'habitation dans la contribution perfonnelle.
12.	**DONATIONS** éventuelles d'objets indéterminés, par acte entre-vifs. ⎞ Les droits en font dûs à raifon de la cotte d'habitation dans la contribution perfonnelle des contractans. *Art. 2 de la 2.ᵉ claffe du Tarif.* Si les difpofitions font en ligne directe, il n'eft dû que le demi-droit.................... *Art. 4 de la 2.ᵉ claffe du Tarif.*	A raifon de la cotte d'habitation dans la contribution perfonnelle. Demi-droit.
13.	**DONS ÉVENTUELS** d'objets déterminés, ET **DONATIONS** mutuelles qui ne comprendront que des biens-immeubles préfens & défignés. ⎞ Les actes qui ne contiendront que ces difpofitions, ne devront que le droit fimple de.............. *Art. 3 de la 4.ᵉ fection de la 3.ᵉ claffe du Tarif.* Sauf la déclaration à faire & droits à acquitter dans les fix mois qui fuivront le jour de l'événement de la mutation. *Art. XII du Décret. (Voyez ci-après.)*	20 fous fixes.

D

ART.			QUOTITÉ des droits & peines, fixés par les Décrets & Tarif.

14. DONATIONS aux futurs époux, par leurs contrats de mariage passés devant notaires avant la célébration,

en directe :
- d'objets présens .... → 1of par 100 liv.
- d'objets indéterminés, sur le pied de la seconde classe du Tarif.......... → A raison de la cotte d'habitation dans la contribution personn.

en collatérale ou étrangers :
- d'objets présens & désignés......... → 20f par 100 liv.
- & d'objets indéterminés & éventuels, sur le pied de la seconde classe. *Art. 1.er de la 2.e section de la I.re classe du Tarif.* (Voyez art. 9 ci-dessus, & la lettre C, art. 11). → A raison de la cotte d'habitation dans la contribution personnelle.

15. DONATIONS par actes entre vifs, autrement que par contrat & en faveur de mariage,

à titre gratuit, en directe. savoir :
- Est dû à raison de la valeur de tous les biens meubles & immeubles qui y seront compris, pour ceux en usufruit. *Art. 5 de la 2.e section de la 1.re classe du Tarif.* → 1of par 100 liv.
- Et pour ceux en propriété, *Art. 4 de la 4.e section de la 1.re classe du Tarif.* → 20f par 100 liv.
- *Nota.* Si la transmission de l'usufruit étoit à titre onéreux par vente ou cession, il seroit dû sur le pied du prix stipulé, *Art. 5 de la 2.e section de la 1.re classe du Tarif.* → 20f par 100 liv.

16. DONATIONS mutuelles, & CONVENTIONS réciproques de libéralité,

autres qu'entre maris & femmes. :
- D'objets mobiliers déterminés, sur le pied de toutes les sommes & de la valeur des biens qui y sont compris................... → 15f par 100 liv.
- Et lors de l'événement, il ne sera dû aucuns droits.

Et

- de biens immeubles déterminés, les droits ne feront payés que sur le pied de la quatrième section de la trosième classe, c'est-à-dire comme acte simple................. → 20 sous fixes.
- Sans préjudice de la déclaration à fournir, & des droits proportionnels à payer, lorsque les donations auront leur effet. *Art. 3 de la 3.e section de la 1.re classe du Tarif.*

DONATION

ART.	D			QUOTITÉ des droits & peines, fixés par les Décret & Tarif.
17.	**DONATION** entre-vifs & legs, non en directe, ni entre maris & femmes,	de sommes ou objets mobiliers désignés.	Est dû sur la valeur des objets donnés ou légués, susceptibles d'évaluation	3 0ᶠ par 100 liv.
			Sauf à faire distraction des sommes & objets compris dans les legs & dispositions auxquels il aura été fait renonciation à temps utile & par acte en forme. *Art. 1.ᵉʳ de la 5.ᵉ section de la 1.ʳᵉ classe du Tarif.*	
18.	**DONATION** non en directe ni entre maris & femmes, & hors contrat de mariage,	d'immeubles réels ou fictifs, présens.	Aux frères, sœurs, oncles & neveux .... *Art. 2 de la 6.ᵉ section de la 1.ʳᵉ classe du Tarif.*	4 0ᶠ par 100 liv.
			Aux parens aux 3.ᵉ & 4.ᵉ degrés .... *Art. 1.ᵉʳ de la 7.ᵉ section de la 1.ʳᵉ classe du Tarif.*	3 liv. par 100 liv.
			ET Aux parens au-delà du 4.ᵉ degré, & étrangers .... *8.ᵉ section de la 1.ʳᵉ classe du Tarif.*	4 liv. par 100 liv.

Nota. Lorsque les donateurs se réserveront l'usufruit, le droit sera acquitté sur la valeur entière de l'immeuble; mais il ne sera dû aucun nouveau droit pour la réunion de l'usufruit à la propriété. *Art. 2 de la 6.ᵉ section de la 1.ʳᵉ classe du Tarif.*

ART.				QUOTITÉ
19.	**DÉCLARATION** à faire, & droits à payer en successions directes immobiliaires.		Les héritiers, donataires éventuels & légataires en ligne directe, doivent faire dans les six mois du décès, à peine d'un demi-droit en sus, la déclaration de la valeur entière des biens-immeubles réels ou fictifs, qui leur sont échus, & payer,	
		Savoir,	en propriété	5ᶠ par 100 liv.
			en usufruit	2ᶠ 6ᵈ p. 100 liv.

Nota. Il ne sera rien dû pour *la réunion* de l'usufruit à la propriété, lorsque le droit d'enregistrement aura été acquitté sur la valeur entière du titre de propriété. *Art. 12 de la 1.ʳᵉ section de la 1.ʳᵉ classe du Tarif.*

Cependant si cette réunion s'opéroit par acte, il seroit dû pour cet acte un droit de ....   20 sous fixes.
Art. 4 de la 4.ᵉ section de la 1.ʳᵉ classe du tarif.

F.

ART.		D	QUOTITÉ des droits & peines, fixé par les Décret & Tarif.

Les donataires & légataires éventuels doivent, à l'événement, faire déclaration des sommes ou autres objets mobiliers qu'ils auront recueillis par le décès des donateurs ou par l'événement des autres conditions prévues, en vertu d'actes ou contrats dont le droit d'enregistrement n'aura été payé que sur le pied des actes simples, conformément à l'article III du Décret.

Art. 2 de la 5.ᵉ section de la 1.ʳᵉ classe du Tarif.

Et est dû ;

SAVOIR:

20.	**DÉCLARATION** d'objets mobiliers échus à des légataires, ou à des donataires éventuels.	**En directe, par legs.** En propriété.................. *Art. 13 de la 1.ʳᵉ section de la 1.ʳᵉ classe du Tarif.*	5ᶠ par 100 liv.
		En usufruit par acte entre-vifs...... *Art. 5 de la 2.ᵉ section de la 1.ʳᵉ classe du Tarif.*	10ᶠ par 100 liv.
		Par le survivant des époux. En propriété.................. *Art. 9 de la 4.ᵉ section de la 1.ʳᵉ classe du Tarif.*	20ᶠ par 100 liv.
		En collatérale & à des étrangers. En propriété.................. *Art. 2 de la 5.ᵉ section de la 1.ʳᵉ classe du Tarif.*	30ᶠ par 100 liv.

Est dû dans les six mois qui suivent le jour du décès, à peine d'un demi-droit en sus, *art. 12 du Décret* ;

SAVOIR:

Pour les biens-immeubles réels ou fictifs, à raison de la *valeur entière* de ces biens échus

21.	**DÉCLARATION** par héritiers, légataires, & donataires éventuels, collatéraux ou étrangers.	**En usufruit,** aux frères, sœurs, oncles & neveux.......... *Art. 8 de la 4.ᵉ section de la 1.ʳᵉ classe du Tarif.*	20ᶠ par 100 liv.
		aux parens aux 3.ᵉ & 4.ᵉ degrés.......... *Art. 2 de la 5.ᵉ section de la 1.ʳᵉ classe du Tarif,*	30ᶠ par 100 liv.
		& aux parens au-delà du 4.ᵉ degré ou étrangers... *Art. 3 de la 6.ᵉ section de la 1.ʳᵉ classe du Tarif.*	40ᶠ par 100 liv.
		Si par la suite ils réunissent la propriété à l'usufruit, à quelque titre que ce soit, les droits ne seront payés que sur l'estimation ou prix de la propriété, déduction faite de l'usufruit. *Art. 8 de la 4.ᵉ section de la 1.ʳᵉ classe du Tarif.*	
		En propriété, aux frères, sœurs, oncles & neveux.......... *Art. 2 de la 6.ᵉ section de la 1.ʳᵉ classe du Tarif.*	40ᶠ par 100 liv.
		aux parens au 3.ᵉ & 4.ᵉ degré............ *Art. 1.ᵉʳ de la 7.ᵉ section de la 1.ʳᵉ classe du Tarif.*	3 liv. par 100 liv.
		& aux parens au-delà du 4.ᵉ degré & étrangers... *8.ᵉ section de la 1.ʳᵉ classe du Tarif*	4 liv. par 100 liv.

ART.				QUOTITÉ des droits & peines, fixés par les Décret & Tarif.

D

De tous les biens immobiliers dont il recueillera l'usufruit à titre de donation, droits de viduité ou de tous autres avantages usufruitiers accordés soit par les loix & coutumes, soit en vertu des clauses insérées dans leurs contrats de mariage, par dons mutuels ou par testament, il sera payé sur la *valeur entière* des biens sujets à l'usufruit. . *Art. 6 de la 2.e sect. de la 1.re classe du Tarif.* — 10f par 100 liv.

22. DÉCLARATIONS à faire, Et DROITS à payer } par le survivant des époux.

Et pour les biens-immeubles qui leur seront transmis en propriété par donation & libéralité, à titre de reprise, restitution ou autrement, & des capitaux des rentes & pensions, sommes & objets mobiliers qui leur seront échus à titre gratuit, en vertu de leurs contrats de mariage, testamens ou autres dispositions, il sera payé sur la valeur entière des biens. . . . . — 20f par 100 liv.

Sauf à déduire sur ces droits ce qui aura été payé *par le survivant* pour l'enregistrement du testament ou don mutuel, conformément au 9.e article de la 4.e section de la 1.re classe du Tarif.

23. DONATIONS & autres actes dans le cas d'être enregistrés, *pour la formalité*, dans plusieurs bureaux. Quels sont les droits dûs. }

Lorsque *l'enregistrement de formalité* sera requis dans des bureaux différens de ceux où les contrats auront été enregistrés pour la perception, il ne sera dû que. . . . . . *Art. 6 de la 4.e section de la 3.e classe du Tarif.* — 20 sous fixes.

F ij

D

Art.				Quotité des droits & peines fixées par les Décret & Tarif.

24. DROITS perçus éventuels- sur des actes. Quels sont ceux dont il doit être tenu compte aux parties, sur les déclarations à faire à l'événement.

L'art. IV du Décret porte, que dans le cas où un acte de la seconde classe *ne transmettroit que des propriétés immobiliaires*, il sera fait déduction de la somme payée pour l'enregistrement de cet acte, sur celle que le propriétaire acquittera lors de la déclaration qu'il sera tenu de faire pour raison de ces *immeubles*.

Nota. A l'art. 9 de la 4.ᵉ section de la première classe, en parlant des droits à payer à l'événement par le survivant des époux, pour les avantages *en propriété, en meubles & immeubles* échus à titre gratuit, en vertu de leurs contrats de mariage, testamens ou autres dispositions, il est dit, *sauf à déduire sur les droits à percevoir, ce qui aura été payé par le survivant pour l'enregistrement du testament ou don mutuel.*

25. DÉGUERPISSEMENT & DÉLAISSEMENT — d'immeubles réels ou fictifs.

Faute de payement de la rente ou d'exécution des clauses du précédent contrat, à raison de la valeur ou prix, sera payé.................... **20ᶠ par 100 liv.**

ET

Dans le cas où le contrat antérieur auroit été jugé radicalement nul parce qu'il n'auroit pas été exécuté, soit par l'entrée effective de l'acquéreur en jouissance, soit par le payement du tout ou partie du prix, alors il ne seroit dû pour le déguerpissement ou délaissement fait en conséquence que le droit simple de.............. **20 sous fixes.**
Art. 7 de la 4.ᵉ section de la 1.ʳᵉ classe du Tarif.

26. DÉCLARATIONS — de command, d'ami, ou autres de même nature.

Il est dû, *Savoir:*
Pour celles faites dans les six mois qui suivront les ventes & adjudications, en vertu de réserves expressément stipulées par les contrats & jugemens, & aux mêmes conditions que l'acquisition.................... **20 sous fixes.**
Art. 1.ᵉʳ de la 4.ᵉ section de la 3.ᵉ classe du Tarif.

ET

Pour celles faites après les six mois. **40ᶠ par 100 liv.**
Art. 1.ᵉʳ de la 6.ᵉ section de la 1.ʳᵉ classe du Tarif.

D

Art.				Quotité des droits & peines, fixés par les Décret & Tarif.
27.	D R O I T S auxquels font affujettis les	Immeubles réels ou fictifs.	Voyez-en le détail à la lettre J, art. 28.	
28.	DÉPOTS & CONSIGNATIONS chez les officiers publics,	Est dû.................................. Sans que néanmoins le droit puisse excéder ceux perçus sur les actes auxquels ils auront rapport. Art. 2 de la 4.ᵉ section de la 3.ᵉ classe du Tarif.		20 sous fixes.
29.	DÉLIVRANCE de legs,	Est dû.................................. Art. 1.ᵉʳ de la 4.ᵉ section de la 3.ᵉ classe du Tarif.		20 sous fixes.
30.	DÉCLARATIONS & DÉCHARGES	pures & simples, & autres actes & contrats qui ne contiendront que des dispositions préparatoires & de pure formalité, est dû.......................... Art. 1.ᵉʳ de la 4.ᵉ section de la 3.ᵉ classe du Tarif.		20 sous fixes.
31.	DÉSISTEMENT	de demandes — avant le jugement,.... ou d'appel....................... Art. 1.ᵉʳ de la 4.ᵉ section de la 3.ᵉ classe du Tarif.	doit......	20 sous fixes.
32.	DÉBOUTÉ	d'appel ou d'opposition	en justice, doit.................... 5.ᵉ section de la 3.ᵉ classe du Tarif.	40 sous fixes.
33.	DÉCLARATION & SIGNIFICATION	d'appel	au tribunal de district, des sentences rendues par les juges de paix, doivent....... Art. 3 de la 6.ᵉ section de la 3.ᵉ classe du Tarif.	3 liv. fixes.
			des jugemens des tribunaux de district, doivent.................... Art. 3 de la 7.ᵉ section de la 3.ᵉ classe du Tarif.	6 liv. fixes.
34.	DÉCHARGE de demande	en justice. Le jugement qui la prononce, doit........ 5.ᵉ section de la 3.ᵉ classe du Tarif.		40 sous fixes.

D

Art.				Quotité des droits & peines, fixés par les Décrets & Tarif.
35.	DECLINATOIRE		en justice. Le jugement qui le porte, doit. . . . . 5.ᵉ section de la 3.ᵉ classe du Tarif.	40 sous fixes.
36.	DIRECTEURS, Commissaires, ou Séquestres	de créanciers.	Leur nomination par acte ou jugement, doit. . . . . 5.ᵉ section de la 3.ᵉ classe du Tarif.	40 sous fixes.
37.	DIRECTION & union	de créanciers,	Par acte ou jugement, doit, ... 5.ᵉ section de la 3.ᵉ classe du Tarif.	40 sous fixes.
38.	DISSOLUTION	de traités, ou sociétés,	dont l'objet ne sera pas susceptible d'évaluation, doit comme pour les traités ou sociétés mêmes. . . . . Art. 2 de la 7.ᵉ section de la 3.ᵉ classe du Tarif.	6 liv. fixes.
39.	DROIT EN SUS du simple : quels sont les cas où il est exigible, soit contre les parties, soit contre les officiers publics.	Voyez	à la lettre A, art. 18, 19, 20 & 66. à la lettre G, art. 4. à la lettre N, art. 5 & 6.	Un droit en sus du simple.
40.	DEMI-DROIT en sus du simple : quels sont les cas où il est exigible.		Le défaut de déclaration dans les six mois qui suivent le jour de la mutation en usufruit ou propriété, des biens-immeubles réels ou fictifs, échus par décès ou autrement à des héritiers, légataires ou donataires éventuels, est le seul cas où la peine encourue soit d'un demi-droit en sus du simple qui sera dû. Voyez art. XII du Décret, & l'art. 66 de la lettre A.	Demi-droit en sus du simple.

D

ART.			QUOTITÉ des droits & peines, fixés par les Décret. & Tarif.
		Les parties n'auront qu'une année pour se pourvoir en restitution des droits qu'elles prétendront leur avoir été indûment perçus.	
		Et les préposés	
		n'auront également qu'une année pour répéter le supplément des droits sur actes ou contrats.	
41.	D R O I T S; leur prescription.	Passé trois ans, ils ne seront plus fondés à relever des objets de contraventions ;	
		Et après cinq ans, ils ne pourront former la demande de droits ouverts antérieurement à cette époque, par successions directes ou collatérales , pour raison de biens-meubles ou immeubles réels ou fictifs, échus en propriété ou usufruit, par testament, dons éventuels ou autrement.	
		Art. XVIII du Décret.	
42.	D R O I T S auxquels sont assujettis les actes sous signatures privées.	*Voyez la lettre* A, *article* 17,	
43 & 44.	D R O I T S relatifs à la partie des hypothèques.	Doivent continuer d'être payés comme par le passé, jusqu'à ce que l'Assemblée Nationale ait statué sur cette partie. *Voyez la lettre* H, *art.* 8.	

DÉCLARATION , &c.

ART.					QUOTITÉ des droits & peines, fixés par les Décret. & Tarif.

D

45.	**DÉCLARATION** NON EXACTE,	Soit relativement à l'impôt territorial des biens, Soit dans la quotité ou valeur des immeubles. *Art. VI du Décret.*		il fera payé deux fois la fomme du droit fur la valeur des objets omis.	Deux fois la fomme du droit.
46 & 47.	**DONATIONS** & droits d'enregiftrement	concernant les......	Hôpitaux. Écoles { d'inftruction & d'éducation, & autres établiffemens publics de bienfaifance.	Il n'eft dû que moitié des droits réglés par les diverfes claffes du Tarif. *Voyez à la let.* H *, art. 9.*	
48.	**DÉLIBÉRATIONS** ET AUTRES ACTES,	faits ou ordonnés par les corps adminiftratifs & municipaux. *Voyez à la lettre* C *, art. 4.*			
49.	**DÉPÔTS PUBLICS.**	Les prépofés ne peuvent y faire aucune vifite domiciliaire ou recherches générales. *Voyez pour ce qu'ils peuvent exiger des officiers publics, à la lettre* V *, art. 1.er* Et l'art. XIV du Décret.			
50.	**DROIT** PROVISOIRE à percevoir, en cas de refus d'eftimation de biens dans un acte.	*Voyez l'article* 9 *ci-deffus*			100 livres provifoirement.

ENREGISTREMENT.

Art.				QUOTITÉ des droits & peines, fixés par les Décret & Tarif.

E

1. ENREGISTREMENT d'actes & exploits { Ne peut être différé, ni les actes retenus } par les préposés.
Voyez à la lettre P, *& ci-après art.* 4, *& l'art.* XVII *du Décret.*

2. ENREGISTREMENT d'actes. { Doit rappeler, par extrait & dans le même contexte, sur le regiftre à ce destiné, toutes les dispositions que l'acte contient. La somme du droit sera réglée suivant les différentes classes & sections du Tarif auxquelles se rapporteront les dispositions qui ne dériveront pas nécessairement les unes des autres.
Art. VII *du Décret.*

3. ENREGISTREMENT d'actes. { S'il est fait dans le délai prescrit, il fait remonter l'hypothèque de l'acte au jour de sa date.

Et si l'acte n'est enregistré qu'après les délais prescrits, il n'acquiert l'hypothèque que du jour de l'enregistrement.
Art. X *du Décret.*

4. EXPLOITS ET ACTES d'huissiers, { Doivent être enregistrés dans les quatre jours qui suivent celui de leur date, soit au bureau de leur résidence, soit au bureau du lieu où les actes auront été faits.
Art. VIII *du Décret.*

Les préposés ne peuvent, sous aucun prétexte, pas même en cas de contravention, retenir les exploits soumis à la formalité, lorsque les droits leur en auront été payés conformément au Tarif; mais si un exploit contenoit des renseignemens dont la trace pût être utile, le préposé auroit la faculté d'en tirer une copie, & de la faire certifier conforme à l'original par l'officier qui l'auroit présentée ; & sur le refus de l'officier, il s'en procurera la collation en forme à ses frais, sauf répétition en cas de droit : le tout dans les vingt-quatre heures de la présentation de l'acte au bureau.
Art. XVII *du Décret.*

; G

ART.		E	QUOTITÉ des droits & peines, fixés par les Décret & Tarif.

5.	**EXPLOITS** & actes des huiffiers.	Faute d'être enregiftrés dans le délai prefcrit, ils font nuls ; les juges n'y auront aucun égard, & les huiffiers doivent payer de leurs deniers, une fomme de dix livres pour chaque exploit qu'ils auront omis de faire enregiftrer. *Art. IX du Décret.*	10 livres pour chaque exploit omis d'être enregiftré.
6.	**EXPLOITS** & autres actes des huiffiers.	Il en doit être tenu répertoire jour par jour, à peine de dix livres pour chaque omiffion. *Voyez à la lettre* H *, art. 4.*	10 livres pour chaque exploit omis d'être porté fur le répertoire.
7.	**EXPLOITS** & actes des huiffiers.	S'il y a fauffe mention de la formalité de l'enregiftrement, l'huiffier qui s'en fera rendu coupable, doit être condamné aux peines prononcées pour le faux matériel. *Art. IX du Décret.*	
8.	**EMPLOYÉS** OU **PRÉPOSÉS**	Ne peuvent faire aucune vifite domiciliaire ou recherches générales dans les dépôts publics. *Voyez à la lettre* V *, art. 1.er, ce que les prépofés font en droit d'exiger des officiers publics.*	
9.	**EXPÉDITIONS** ou extraits certifiés, que les prépofés font en droit d'exiger des officiers publics.	Les prépofés ou employés peuvent, fur l'ordonnance du juge, en exiger des officiers publics, en payant deux fous fix deniers par chaque extrait ou rôle d'expédition, outre les frais de papier timbré. *Art. XIV du Décret.*	
10.	**EXPÉDITIONS** d'actes enregiftrés fur les minutes.	Il doit y être fait mention de la formalité de l'enregiftrement donné à la minute, par la tranfcription littérale de la quittance du receveur ; & dans le cas de fauffe mention d'enregiftrement, l'officier public qui s'en fera rendu coupable, fera condamné aux peines prononcées pour le faux matériel. *Voyez l'art. ci-aprîs, & les art. VIII & IX du Décret.*	

Art.			QUOTITÉ des droits & peines, fixés par les Décret & Tarif.

E

11. **EXPÉDITIONS** d'Actes civils ou judiciaires.

Ne peuvent être délivrées avant que la formalité de l'enregistrement ait été remplie, à peine contre l'officier public de payer, si c'est un Notaire, deux fois le montant des droits, dont l'un sera à sa charge & l'autre à celle des contractans; & si c'est un Greffier, il doit payer de ses *deniers*, deux fois le montant des droits.

Art. VIII, IX & X du Décret. (Voyez au surplus aux lettres G & N.

12. **ESTIMATION** ou **ÉVALUATION.**

Insuffisante dans des actes & déclarations. Les contraventions de ce genre & toutes autres sont prescrites après le laps de trois années.

Art. XVIII du Décret.

13. **ESTIMATION** de biens; de quelle manière elle doit être faite dans les déclarations ou actes qui ne comportent pas de prix,

Tels que les
- Partages de. *biens-meubles,*
- Échanges,
- Donations,
- Démissions,
- Et toute autre transmission de propriété ou d'usufruit, à titre gratuit, par acte ou par décès.

Aux termes de l'article V du Décret, le droit d'enregistrement des actes & mutations dont le détail est ci-dessus, doit être réglé, *savoir :*

Pour les propriétés mobiliaires & les immeubles fictifs, d'après la déclaration estimative des parties;

Et pour les immeubles réels, d'après la déclaration que les parties feront pareillement tenues de faire de ce que ces immeubles payeront de contribution foncière, & dans le rapport du principal au denier vingt-cinq du revenu desdits biens. *Voyez au surplus art. 4 de la lettre* D.

Et faute de déclaration de prix ou de l'estimation de tous les objets désignés, *voyez, pour ce qui doit être fait, art. 14 ci-après.*

G ij

E

Art.			QUOTITÉ des droits & peines, fixés par les Décret & Tarif.
14.	ESTIMATION qu'on se refuseroit de faire , d'objets désignés dans un acte.	En ce cas, on est fondé à percevoir les droits sur une évaluation provisoire de 15,000 liv. sauf la poursuite du supplément ou la restitution du trop payé (s'il y a lieu) , d'après les déclarations que les parties auront la faculté de faire dans l'année du jour de l'enregistrement de l'acte. . . . . :. . . . . *Voyez l'art. V du Décret, & la lettre D, art. 9.*	Droit provisoire.
15.	ESTIMATIONS fausses,	soit des biens , soit de la cotte d'imposition territoriale. / Il sera payé deux fois la somme du droit, sur la valeur des objets omis. . . . . *Voyez art. VI du Décret, & l'art. 12 ci-dessus.*	Double droit.
16.	EXPÉDITIONS des actes & jugemens *définitifs* qui ne sont pas applicables à la première classe du Tarif.	Tous les actes & jugemens définitifs des tribunaux de districts , rendus contradictoirement ou par défaut *en première instance*, & qui ne sont pas applicables à la première classe du Tarif, doivent. . . . . *Voyez le détail de ces actes à la lettre A , art. 46. Voyez aussi la 5.ᵉ section de la 3ᵉ classe du Tarif.*	40 sous fixes.
17.	EXPÉDITIONS. S'il en est délivré plusieurs , du même jugement ou acte judiciaire , quels droits sont dûs sur chacune.	Lorsque les droits proportionnels auront été payés sur la première expédition , il ne sera payé pour chacune des autres , que . . . . *Art. X du Décret.* Cependant, pour les jugemens en matière d'impôt, le droit ne peut être que de. . . . . *Art. 11 de la première section de la 1.ʳᵉ classe du Tarif.*	20 sous fixes. 10 sous au plus.

Art.	E		Quotité des droits & peines, fixés par les Décres & Tarif.
18.	EXPÉDITIONS des jugemens des Tribunaux , de Commerce .& de Diftricts , ainfi que des Juges de paix.	Quels font les droits dûs ou non ! *Voyez à ce fujet à la lettre* J, *où fe trouvent détaillés tous les divers actes judiciaires des tribunaux , & la quotité des droits dont ils font fufceptibles.*	
19.	EXPÉDITIONS des jugemens, en *matière criminelle.*	Qu'ils foient préparatoires ou définitifs , s'ils font rendus fur la pourfuite du miniftère public , *fans partie civile*, les jugemens & les expéditions font difpenfés de la formalité & du payement du droit d'enregiftrement. *Art. 5 de la 2.ᵉ fection de la 3.ᵉ claffe du Tarif.*	Difpenfés des droits.
20.	EXPÉDITIONS	Des jugemens définitifs rendus *fur l'appel*, & dont les objets ne *feront ni liquidés, ni évalués ,* fera payé..... *Art. 4 de la 7.ᵉ fection de la 3.ᵉ claffe du Tarif.*	6 liv. fixes.
21.	EXPÉDITIONS	Des jugemens du Tribunal *de Caffation* , doivent... *Art. 2 de la 8.ᵉ fection de la 3.ᵉ claffe du Tarif.*	12 liv. fixes.
22.	EXÉCUTION & Soumiffions	De jugement , doivent.................... *5.ᵉ fection de la 3.ᵉ claffe du Tarif.*	40 fous fixes.
23.	ENTÉRINEMENT de	Lettres , Procès-verbaux, & Rapports , { fans qu'il en réfulte partage effectif, ou mutation , } fera payé...... *5.ᵉ fection de la 3.ᵉ claffe du Tarif.*	40 fous fixes.
24.	EXPERTS.	Leur acte de nomination doit................ *Art. 1.ᵉʳ de la 4.ᵉ fection de la 3.ᵉ claffe du Tarif.*	20 fous fixes.

Art.			Quotité du droit & peines, fixés par les Décrets & Tarif.

E

Art.			Quotité du droit & peines
25.	ÉMANCIPATION DE MINEURS.	Par actes ou jugemens, en quelque nombre que soient les impétrans.................................... Art. 1.er de la 7.e section de la 3.e classe du Tarif.	6 liv. fixes.
26.	EXTRAITS ET COPIES	collationnées d'actes par officiers publics. Voyez à la lettre C, art. 44 & 45.	
27.	EXHÉRÉDATIONS (tant qu'elles subsisteront),	par actes entre-vifs ou à cause de mort, à raison d'un seul droit pour celles faites par une personne, dans un même acte ; savoir, { Non en directe................ Et en directe, moitié de ce droit...... Art. 3 & 4 de la 2.e classe du Tarif.	A raison de la cotte d'habitation dans la contribution personnelle. Moitié du droit ordinaire.
28.	ECHANGE de BIENS-IMMEUBLES.	Entre quelques personnes que ce soit, le droit sera perçu sur une part seulement, à raison de.............. Mais si l'échange n'est pas fait but à but, le droit ne sera perçu sur ce pied que sur la moindre des deux parties ; ET il sera dû en outre 40f par 100 liv. du montant de la soulte ou retour, comme en vente.............. Art. 5 de la 4.e section de la 1.re classe du Tarif.	20f par 100 liv. 40f par 100 liv.
29.	ENGAGEMENS conventionnels ou judiciaires, & contrats	pignoratifs. { Sera dû, en proportion du montant des créances ; savoir, { pour ceux stipulés jusqu'à 12 années inclusivement.. ET pour ceux au-dessus de 12 années......... Art. { 6 de la 4.e section & 1.er de la 6.e section } de la 1.re classe du Tarif.	20f par 100 liv. 40f par 100 liv.
30.	ENGAGEMENS de matelots, gens de mer & d'équipage.	A raison d'un droit pour chaque engagement, sans égard aux sommes qui seront désignées dans ces actes...... Art. 2 de la 1.re section de la 2.e classe du Tarif.	5 sous fixes.

ART.	E	QUOTITÉ des droits & peines, fixés par les Décret & Tarif.
31.	**EXPLOITS** & fignifications par huiffiers & autres,	Tant en matière civile que criminelle, autres que pour impôt ou police générale, ou *contenant* déclaration d'appel, ne feront fujets qu'à un feul enregiftrement; mais le droit fera perçu pour chaque perfonne requérante, ou à qui la fignification fera faite à raifon de.. 15 fous fixes.
		Sans qu'il puiffe cependant être perçu plus de cinq droits fur un exploit ou procès-verbal fait dans un feul jour & pour le même fait.................. 5 droits au plus.
		Nota. Les copropriétaires & les cohéritiers, les parens réunis pour donner leur avis, les débiteurs ou créanciers affociés ou folidaires, les féqueftres, les experts & les témoins ne feront comptés que pour une feule perfonne, foit en demandant, foit en défendant.. Un feul droit. *Art. 2 de la 3.ᵉ fê.̂ de la 3.ᵉ claffe du Tarif.*
31 bis	**EXPLOITS** ET SIGNIFICATIONS	Faits entre les défenfeurs des parties, doivent..... 5 fous fixes. *Art. 3 de la 1.ʳᵉ fect. de la 3.ᵉ claffe du Tarif.*
32.	**EXPLOITS** & fignifications pour impôts & police.	Les exploits pour recouvrement des contributions directes ou indirectes, même des contributions locales, & pour toutes les contraventions aux règlemens généraux de police ou d'impôt, tant en action qu'en défenfe, fuivant les principes établis dans l'article ci-deffus, doivent.. 5 fous fixes. *Art. 3 de la 1.ʳᵉ fect. de la 3.ᵉ claffe du Tarif. (Voyez les art. 34 & 35 ci-après).*
33.	**EXPLOITS** à la requête du miniftère public.	Tous exploits & notifications à la requête du *miniftère public*, fans jonction de *partie civile*, faits, foit par huiffiers, foit par les brigadiers & cavaliers de maréchauffée, & autres dépofitaires de la force publique, pour la pourfuite des crimes & délits, feront enregiftrés gratis.. Gratis. *Art. 2 de la 3.ᵉ fect. de la 3.ᵉ claffe du Tarif.*

Art.			Quotité des droits & peines, fixés par les Décret & Tarif.

E

34. **EXPLOITS.**
Les procès-verbaux de délits & contraventions aux règlemens généraux de police ou d'impolition, doivent être enregiſtrés *à peine de nullité*, dans les quatre jours qui ſuivent leur date ; & avant qu'aucun huiſſier en puiſſe faire la ſignification, eſt dû . . . .
Art. 1.er de la 2.e ſection de la 3.e claſſe du Tarif.
— 10 ſous fixes.

35. **EXPLOITS** de ſignification des procès-verbaux de délits & contraventions aux règlemens généraux de police ou d'impolition.
Si la ſignification eſt faite par le procès-verbal, & dans le même contexte, il ne ſera perçu que le droit réglé ci-deſſus, tant pour le procès-verbal que pour la ſignification à un ſeul délinquant.
Un ſeul droit de 10 ſous fixes.
Et s'il y a pluſieurs délinquans, les droits des ſignifications faites au ſecond & aux ſuivans, ſeront perçus, outre celui du procès-verbal, & dans les principes expliqués, *art. 31 ci-deſſus*, c'eſt-à-dire quatre droits au plus, outre celui du procès-verbal, ſi c'eſt par le même acte, à raiſon de 5ſ chaque.
Art. 1.er de la 2.e ſection de la 3.e claſſe du Tarif.
5 ſous fixes, & quatre droits au plus, outre celui dû pour le procès-verbal.

36. **EXPLOITS** d'oppoſitions au bureau du conſervateur des finances ou d'hypothèques des offices.
Par le Décret de l'Aſſemblée Nationale, du 28 novembre 1790, il eſt dit, *Art. VII*, que ces oppoſitions ne pourront être aſſujetties au contrôle, & pourront être formées par tous les huiſſiers royaux exerçant auprès des tribunaux.
Diſpenſés des droits.

ÉTABLISSEMENS

ART.	E	QUOTITÉ des droits & peines, fixés par les Décret & Tarif.
37.	ÉTABLISSEMENS permanens, { Tels que { Colléges .... Académies .... Hôpitaux .... Écoles { d'inſtruction & d'éducation, & autres de ce genre... } Pour les droits qu'ils ſont dans le cas de payer, } *Voyez à la lettre* H , *art.* 9.	
38.	ÉCOLES { d'inſtruction & d'éducation, & autres éta- bliſſemens pu- blics de bienfai- ſance, } Ne doivent que moitié des droits fixés par les diverſes ſections des trois claſſes du Tarif. *Voyez au ſurplus à la lettre* H , *art.* 9.	Moitié des droits ordinaires.
39.	EXTRAITS des Regiſtres de { Mariages. .... Baptêmes. .... & Sépultures.. } Sont exempts des droits d'enregiſtre- ment. *Art. XI du Décret.*	Diſpenſés des droits & de la formalité.
bis. 39.	EXTRAITS des { Livres des marchands , concer- nant leur commerce , lorſqu'ils ne contiendront point d'obligations ,	
40.	ENDOSSEMENS de lettres de change , tirées de places en places. } Sont, comme les lettres de change même , exempts de droit .... *Art. XI du Décret.*	Diſpenſés des droits.
41.	ENREGISTREMENT de forme des donations. { Lorſqu'il ſera requis dans des bureaux différens de ceux où les contrats auront été enregiſtrés pour la perception, il ne ſera dû que le droit ſimple de..... *Art. 6 de la 4.ᵉ ſection de la 3.ᵉ claſſe du Tarif.*	10 ſous fixes.

H

ART.				QUOTITÉ des droits & peines, faits par les Décrets & Tarif.
42.	EMPRUNTS par les Municipalités & les particuliers,	pour l'acquisition des biens nationaux.	N'est dû par les Municipalités & les particuliers, pendant l'espace de cinq & quinze ans, qu'un droit fixé à quinze sous, ... *Voyez au surplus ce qui a été dit à ce sujet à la lettre V art. 2.*	15 sous fixes.
43.	ÉTRANGERS dans les cas d'acquitter des droits d'enregistrement.		Ils feront assujettis aux mêmes règles & aux mêmes droits que tous autres. Et dans le cas où ils n'auroient pas été imposés à la contribution personnelle, si les droits font susceptibles d'être réglés sur le pied de la deuxième claffe, ils feront payés & liquidés sur la déclaration qu'ils feront tenus de faire de leurs revenus. *Voyez article 6 de la seconde claffe du Tarif.*	
44.	EXEMPTION DE DROITS.		*Voyez art. 17 bis de la lettre A.*	

E

Art.			Quotité des droits & peines, fixés par les Décret & Tarif.

F

1.	FAUSSE MENTION de la formalité de l'enregiftrement	dans des actes ou exploits. *Voyez aux lettres H, art. 3, & N, aussi art. 3, où se trouvent détaillées les peines impofées en ce cas. Voyez aussi les art. VIII & IX du Décret.*	
2.	FAUSSE ESTIMATION de biens, & toutes autres contraventions relatives au droit d'enregiftrement.	Les contraventions de ce genre font preferites après le laps de trois ans. *Art. XVIII du Décret.*	
3.	FRAIS ET AVANCES des officiers de juftice.	Les mémoires d'avances & frais des officiers de juftice, font exempts du droit d'enregiftrement, s'ils ne contiennent point d'obligation. *Art. XI du Décret.*	Exempts de droits.
4.	FORMULE relativement aux quittances de rembourfement d'offices, par l'État.	Par un Décret de l'Affemblée Nationale du 28 novembre 1790, il eft dit, Art. XII, *que ces quittances feront données fur papier à un feul timbre, & qu'elles ne pourront d'ailleurs être affujetties au contrôle.*	
5.	FORMULE; par qui cette partie doit-elle être régie.	Décret du 20 janvier 1791, qui porte, *article III,* qu'à compter du 1.er février prochain, la vente du papier timbré fera confiée aux commiffaires prépofés à la perception des droits d'enregiftrement des actes.	

Art.			Quotité des droits & peines, fixés par les Décret & Tarif.

G

1. GREFFIERS.
Quels sont les actes judiciaires qui doivent être regiftrés sur la minute ou sur les expéditions, & dans quel délai cette formalité doit être donnée.
Voyez à la lettre J, art. 4.
& à la lettre A, auffi art. 4.

2. GREFFIERS.
Ne peuvent recevoir en dépôt, excepté les teftamens, aucun acte fous feing privé, ni paffer aucun acte ni contrats en conféquence, ni en délivrer d'extrait ou copie collationnée, que le droit d'enregiftrement n'en ait été préalablement acquitté.
Voyez à la lettre A, art. 16.

3. GREFFIERS.
Doivent, ainfi que les parties, payer *les droits* dans tous les cas tels qu'ils font réglés par le Tarif. Ils ne peuvent en atténuer, ni différer le payement, fous le prétexte de conteftations fur la quotité, ni pour quelqu'autre caufe que ce foit; fauf à fe pourvoir en reftitution, s'il y a lieu, par-devant les juges compétens.
Art. XVI du Décret.

4. GREFFIERS,
Ne font point obligés de faire l'avance des droits des actes judiciaires, même de ceux qui contiendront tranfmiffion de biens-immeubles réels ou fictifs, qui doivent être regiftrés fur les minutes dans un mois du jour de leur date; mais ils ne peuvent en délivrer d'expédition, ni de tous autres actes, avant l'enregiftrement, à peine de payer perfonnellement le double des droits.
Art. X du Décret.
Lorfqu'ils n'auront pas reçu des parties la fomme des droits, pour mettre le prépofé à même d'en faire le recouvrement, ils doivent, dans le délai fixé pour la formalité de l'enregiftrement, lui délivrer un extrait des actes.
Voyez à la lettre J, art. 4 & 5, & l'art. X du Décret.

Double des droits perfonnellement

Art.			Quotité des droits & peines, fixés par les Décret & Tarif.
	G		
5.	**GREFFIERS.**	Doivent tenir *répertoire*, jour par jour, de tous les actes volontaires qu'ils recevront, & de ceux dont il résultera transmission de propriété ou de jouissance de biens-immeubles, le tout à peine de 50 liv. pour chaque omission. *Art. XIV du Décret.*	50 liv. pour chaque omission sur le répertoire.
6.	**GRATIS** de droits.	*Voyez art. 17 bis de la lettre* A.	

Art.			Quotité des droits & peines, fixés par les Décrets & Tarif.

H

1.   **HUISSIERS.**

Sont tenus, ainsi que les parties, de payer les droits dans tous les cas tels qu'ils font réglés par le Tarif; ils ne peuvent en atténuer ni différer le payement, sous le prétexte de contestation sur la quotité, ni pour quelque cause que ce soit, sauf à se pourvoir en restitution s'il y a lieu, pardevant les juges compétens.
Art. XVI du Décret.

2.   **HUISSIERS.**

Les actes qu'ils font doivent être soumis à l'enregistrement, dans les quatre jours après celui de leur date, soit au bureau de leur résidence, soit au bureau du lieu où les actes auront été faits.
Art. VIII du Décret.

3.   **HUISSIERS.**

Pour chaque exploit ou acte par eux fait, & qu'ils ne soumettent pas à la formalité de l'enregistrement dans le délai prescrit, ils doivent être condamnés à dix livres, outre la nullité des actes, & les juges n'y doivent avoir aucun égard.

Et en cas de fausse mention de la formalité de l'enregistrement, ils encourent les mêmes peines que les notaires.
Art. IX du Décret.

10 livres pour chaque omission.

4.   **HUISSIERS.**

Doivent tenir, de tous leurs exploits & actes, UN RÉPERTOIRE, jour par jour, sous peine d'une somme de dix livres pour chaque omission.
Art. XIV du Décret.

10 livres pour chaque omission.

ART.			QUOTITÉ des droits & peines, fixés par les Décret & Tarif.

H

5.	HÉRITIERS Légataires } & } éventuels. Donataires }	Doivent, dans les six mois après le jour que la mutation s'opère, faire la déclaration & acquitter les droits des immeubles réels ou fictifs qui leur sont échus en propriété ou usufruit ; & ce délai passé, ils seront contraints à payer lesdits droits, plus la moitié de la somme en quoi ils consistent. Les mêmes donataires & légataires éventuels doivent faire, à l'événement, une déclaration des sommes & autres objets mobiliers qu'ils ont recueillis. *Art. 2 de la 5.ᵉ section de la 1.ʳᵉ classe du Tarif.* *Voyez à la lettre* D, *art. 8, 19, 20, 21 & 22.* *Et l'art. XII du Décret.*	Mi-droit en sus du droit ordinaire.
6.	HYPOTHEQUE.	La reconnoissance ou maintien d'icelle, par acte judiciaire & notarié, doit . . . . *5.ᵉ section de la 3.ᵉ classe du Tarif.*	40 sous fixes.
7.	HYPOTHEQUE, De quel jour les actes peuvent-ils l'acquérir?	Les actes enregistrés dans le délai prescrit, auront hypothèque du jour de leur date ; & seulement du jour de l'enregistrement, lorsqu'ils ne recevront cette formalité qu'après le délai. *Art. X du Décret.*	
8.	HYPOTHEQUE.	Les droits concernant cette partie, doivent provisoirement être perçus comme par le passé, l'Assemblée se réservant de statuer sur les droits auxquels cette partie pourra donner lieu. *Voy. le troisième alinéa du titre des* Exceptions, *à la suite du Tarif du droit d'enregistrement.*	

Art.	H	Quotité des droits & peines, fixés par les Décrets & Tarif.

9. **HOPITAUX**, écoles d'inftruction & d'éducation, & autres établiffemens publics de bienfaifance.

Il ne fera payé que moitié des droits fixés par le Tarif du droit d'enregiftrement, tant fur les actes de la première, que fur ceux de la feconde & de la troifième claffe, pour tout ce qui appartiendra & fera délivré, adjugé ou donné, par ventes, donations ou libéralités, legs, tranfactions & jugemens, en faveur des hôpitaux & autres établiffemens défignés ci-contre.

Moitié des droits ordinaires.

Voyez le titre des Exceptions *à la fin du Tarif*, où il eft dit que l'Affemblée Nationale fe réferve de ftatuer fur la fixation des droits qui feront payés pour les acquifitions, à quelque titre que ce foit, de biens-immeubles réels ou fictifs, qui pourront être faites par les hôpitaux, collèges, académies & autres établiffemens permanens, & fur les formalités qui feront néceffaires pour autorifer ces acquifitions.

IMMEUBLES

Art.			QUOTITÉ des droits & peines, fixés par les Décret & Tarif.

I

La déclaration en doit être enregistrée dans les six mois après le jour que la mutation en propriété ou usufruit se réalise ;

SAVOIR:

1. IMMEUBLES échus par succession, legs, ou donation éventuelle.

Pour les immeubles réels, au bureau dans l'arrondissement duquel seront situés les biens.

Voyez pour leur estimation, ce qui est dit à la lettre E, art. 13.

Et pour les immeubles fictifs, au bureau établi près le domicile du dernier possesseur.

Le délai passé sans l'acquit du droit, les contribuables seront contraints à le payer, plus, la moitié de la somme en quoi il consiste . . . .   *Demi-droit en sus du droit ordinaire.*

Il sera payé deux fois la somme du droit sur la valeur des objets omis . . . .   *Deux fois le droit ordinaire.*

Art. VI du Décret.

2. INSUFFISANCE d'estimation dans des déclarations & actes qui ne comportent pas de prix.

Les contraventions de ce genre sont prescrites après le laps de trois années.

Arat. XVIII du Décret.

3. JUGES DE PAIX.

Les expéditions de leurs jugemens préparatoires & de pure instruction, sont dispensés de la formalité & du payement du droit d'enregistrement . . . .   *Dispensés de l'enregistrement.*

Art. 7 de la 4.e section de la 3.e classe du Tarif.

Mais les transactions des bureaux de paix, & les jugemens des juges de paix, lorsqu'ils contiendront transmission de biens-immeubles réels ou fictifs, seront enregistrés sur les minutes & dans le délai d'un mois, au bureau près la justice du greffier.

Art. X du Décret.

Voyez à la lettre G, art. 3 & 4.

Art.			Quotité des droits & peines, fixés par les Décret & Tarif.
4.	**JUGEMENS** & autres actes dans le cas d'être enregistrés sur la minute, & dans un délai fixe,	Sont tous jugemens & actes judiciaires, sentences arbitrales, transactions des bureaux de paix, & les jugemens des juges de paix, qui contiennent transmission de biens-immeubles réels ou fictifs; ils doivent être enregistrés dans le délai d'un mois, au bureau établi près la juridiction du greffier.	
		Le greffier n'est point tenu de faire l'avance des droits; il ne peut cependant délivrer d'expédition avant que l'enregistrement ait été fait, à peine de payer de ses deniers deux fois le montant des droits...........	2 fois le montant des droits.
		Mais lorsqu'il n'aura pas reçu des parties la somme des droits, il sera tenu de remettre au préposé, dans le délai fixé pour l'enregistrement des actes des notaires, un extrait certifié des actes mentionnés ci-dessus; & sur cet extrait, & après six mois du jour de la date desdits actes, les parties seront contraintes à payer deux fois le montant des droits......................	2 fois le montant des droits.
		Lorsqu'un acte judiciaire aura été enregistré sur la minute, il en sera fait mention sur les expéditions qui ne seront sujettes à aucuns nouveaux droits. *Art. X du Décret.*	
5.	**JUGEMENS** & autres actes judiciaires dans le cas d'être enregistrés sur les expéditions, & ce que chacune d'elles doit,	Sont tous les jugemens & autres actes non désignés dans l'article ci-dessus.	
		Le greffier ne peut en délivrer aucune expédition aux parties ou autres, avant d'en avoir acquitté le droit d'enregistrement, à peine du double des droits pour chaque omission...........................	2 fois le montant du droit.
		Chaque expédition recevra la formalité; mais si les droits proportionnels sont exigibles suivant la première classe, ils ne seront payés que sur la première expédition, & les autres ne devront que le droit simple de vingt sous., aux termes de la quatrième section de la troisième classe du Tarif.................... *Art. X du Décret.*	20 sous fixes.

Art.				Quotité des droits & peines, fixés par les Décret & Tarif.
	I			
6.	**JUGEMENS** des tribunaux de commerce & de districts.	portant	Condamnation, Liquidation, Collocation, Obligation, Attribution *ou* Transmission	de sommes déterminées, & de valeurs mobiliaires, tant en principaux qu'intérêts, & dépens liquidés, payeront. . . . . Sans que dans aucuns cas cependant le droit puisse être moindre de vingt sous.. *Art. 1 1 de la 1.re sect. de la 1.re classe du Tarif.*	5 sous par 100 l. 20 sous fixes au moins.
		Nota. Lorsque la première expédition aura acquitté le droit proportionnel, les autres expéditions du même acte ou jugement ne devront que le droit fixe de vingt sous. . . . . *Art. 8 de la 4.e sect. de la 3.e classe du Tarif.*		20 sous fixes.
7.	**JUGEMENS** de condamnation par les tribunaux de districts,	en matière d'impôts, délits & contraventions.		Il sera dû. . . . . Sans que le droit de chaque acte puisse dans aucun cas excéder.. *Art. 1 1 de la 1.re sect. de la 1.re classe du Tarif.*	5 sous par 100 l. 10 sous fixes.
8.	**JUGEMENS** & **CONTRATS,**	portant	Délaissement, Déguerpissement, Renvoi & Rentrée	en possession	de biens-immeubles, faute de payement de la rente ou d'exécution de clause du premier contrat, ou en vertu de retraits conventionnels, est dû.	20 f. par 100 liv.
		Et dans le cas où le contrat antérieur auroit été jugé radicalement nul comme dans celui où il n'auroit pas été exécuté, soit par l'entrée effective de l'acquéreur en jouissance, soit par le payement du tout ou partie du prix, les droits, en ce cas, ne seront dûs que sur le pied de. . . . . *Art. 7 de la 4.e sect. de la 1.re classe du Tarif.*		20 sous fixes.

J

ART.				QUOTITÉ des droits & peines, fixés par les Décrets & Tarif.

9. **JUGEMENS** PRÉPARATOIRES, & autres actes judiciaires de formalité ou d'inftruction, ou qui ne font feulement que l'exécution, le complément ou la confommation de contrats antérieurs & en forme, { rendus à l'audience ou paffés au greffe des tribunaux. {

Les expéditions de ces jugemens & actes, payeront chacun...... *Voyez l'énumération de ces actes, à la lettre A, art. 45,* où vous remarquerez de plus que les droits de ces actes ne pourront excéder ceux qui auront été perçus fur les contrats précédens auxquels ils auront rapport.

Ceux en matière d'impôt, délits & contraventions en font exceptés, les droits ne pouvant au plus être que de 10 fous. *Voyez art. 7 ci-deffus, & art. 3 pour les jugemens des juges de paix.*

Art. { 11 de la 1re fect. de la 1re claffe & 4 de la 2e fect. de la 3e claffe } du Tarif.

10 fous fixes.

10. **JUGEMENS** & actes dont les droits ne peuvent excéder ceux perçus fur les contrats précédens auxquels ils ont rapport. }

Voyez ci-deffus à la lettre A, art. 45.

11. **JUGEMENS** DÉFINITIFS en première inftance, { par les tribunaux & diftricts, {

rendus contradictoirement ou par défaut, & qui ne font pas applicables à la première claffe du Tarif, fera payé............

Voyez l'énumération de ces actes à la lettre A, art. 46.

40 fous fixes.

ART.	J		QUOTITÉ des droits & peines, fixés par les Décret & Tarif.
12.	JUGEMENS & actes judiciaires,	qui ne pourront recevoir d'application à aucune des classes & sections du Tarif, payeront................. *Art. 9 de la 4.ᵉ section de la 3.ᵉ classe du Tarif.*	20 sous fixes.
		Nota. Les droits des jugemens en matière d'impôts, délits & contraventions, ne peuvent jamais excéder 10 sous. *Voyez art. 7 ci-dessus.*	
13.	JUGEMENS & expéditions d'iceux, en *matière criminelle.*	Sont exempts de la formalité & du payement du droit d'enregistrement, soit qu'ils soient préparatoires ou définitifs, pourvu qu'ils soient rendus sur la poursuite du ministère public, sans partie civile. *Art. 5 de la 2.ᵉ section de la 3.ᵉ classe du Tarif.*	Dispensés de la formalité.
14.	JUGEMENS du Tribunal de cassation.	Les expéditions d'iceux devront............... *Art. 2 de la 8.ᵉ section de la 3.ᵉ classe du Tarif.*	12 livres fixes.
15.	JUGEMENS & actes,	portant { Émancipation.......... Bénéfice { d'âge...... d'inventaire, & de rescision.... } En quelque nombre que soient les impétrans.. } *Art. 1.ᵉʳ de la 7.ᵉ section de la 3.ᵉ classe du Tarif.*	6 livres fixes.
16.	JUGEMENS définitifs, rendus sur appel,	& dont les objets ne seront ni liquidés, ni évalués, sera payé.............................. *Art. 4 de la 7.ᵉ section de la 3.ᵉ classe du Tarif.*	6 livres fixes.

J

ART.			QUOTITÉ des droits & peines, fixés par les Décret & Tarif.
17.	**JUGEMENS** qui donnent acte	d'appel, d'affirmation, d'acquiescement, doivent............... 5.ᵉ sect. de la 3.ᵉ classe du Tarif.	40 sous fixes.
18.	**JUGEMENT** portant autorisation,	doit................ Art. 1.ᵉʳ de la 4.ᵉ sect. de la 3.ᵉ classe du Tarif.	20 sous fixes.
19.	**JUGEMENS** concernant les	Hôpitaux, Écoles.. { d'instruction & d'éducation, } & autres établissemens publics de bienfaisance, ne doivent que moitié des droits fixés par les diverses classes du Tarif........... Voyez à la lettre H, art. 9.	Moitié des droits ordinaires.
20.	**JUGEMENT** & autres actes judiciaires.	S'ils sont enregistrés dans le délai prescrit, ils acquièrent hypothèque du jour de leur date. Et si au contraire l'enregistrement est fait après les délais fixés, les actes n'acquièrent d'hypothèque que du jour qu'ils sont enregistrés. Art. X du Décret.	
21.	**INTERDICTIONS**	Par acte ou jugement, doivent.............. Art. 1.ᵉʳ de la 8.ᵉ sect. de la 3.ᵉ classe du Tarif.	12 livres fixes.
22.	**INVENTAIRES** devant notaires ou au greffe,	Doivent à raison des objets mobiliers qui y sont compris........................ Art. 2 de la 2.ᵉ sect. de la 1.ᵉʳ classe du Tarif. ET Pour ceux de titres & papiers, lorsqu'ils seront séparés de l'inventaire du mobilier de la succession ou de l'absent, & qu'ils énonceront des titres de propriété des immeubles, sera dû.................. Art. 2 de la 7.ᵉ sect. de la 3.ᵉ classe du Tarif. Nota. Pour les inventaires sous signatures privées, voyez article 17. Voyez aussi cependant l'art. 34 ci-après.	10 sous par 100 l. 6 livres fixes.

J

Art.				Quotité des droits & peines, fixés par les Décret & Tarif.
23.	INVENTAIRE.		Pour leur clôture en justice, est dû............ *5.ᵉ section de la 3.ᵉ classe du Tarif.*	40 sous fixes.
24.	INDEMNITÉS		de sommes en valeurs déterminées, doivent........ *Art. 3 de la seconde section de la 1.ʳᵉ classe du Tarif.* Si l'objet n'en est pas estimé, est dû............ *Art. 2 de la sixième section de la 3.ᵉ classe du Tarif.*	10ᶠ par 100 liv. 3 liv. fixes.
25.	INSTITUTION D'HÉRITIER	par testament & autre acte de dernière volonté.	Sera payé un seul droit pour chaque instituant, à raison de la cotte d'abitation dans la contribution personnelle des contractans................ *Art. 1ᵉʳ de la 2ᵉ classe du Tarif.* Cependant si l'institution est faite en ligne directe, elle ne sera assujettie qu'au demi-droit................ *Art. 4 de la 2.ᵉ classe du Tarif. Voyez au surplus à la lettre T, art. 7.*	A raison de la cotte d'habitation dans la contribution personnelle. Mi-droit.
26.	INSTITUTIONS contractuelles, & autres dispositions de biens à venir,	par acte entre-vifs.	Sera payé un seul droit à raison de la cotte d'abitation dans la contribution personnelle des contractans........ *Art. 2 de la 2.ᵉ classe du Tarif.* Et si la disposition est en directe, il ne sera dû que le demi-droit...... *Art. 4 de la 2.ᵉ classe du Tarif.*	A raison de la cotte d'habitation dans la contribution personnelle. Moitié du droit.
27.	INVENTAIRES sous seing-privé, à l'exception de ceux de commerce entre associés.		Ne peuvent être enregistrés après le délai de six mois, du jour de leur date, qu'en payant deux fois la somme des droits. *Voyez à la lettre A, art. 15. Et l'art. XI du Décret.*	

ART.	I	QUOTITÉ des droits & peines, fixés par les Décret & Tarif.

28. IMMEUBLES réels ou fictifs. DROITS auxquels ils sont assujettis aux mutations de propriété ou d'usufruit; SAVOIR :

EN DIRECTE,

ÉCHUS par succession, donation éventuelle, ou legs..
- en propriété.... — 5f par 100 liv.
- en usufruit.... — 2f 6d par 100 liv.

Art. 12 de la 1.re section de la 1.re classe du Tarif.

DONNÉS par contrat de mariage notariés,
- passés avant la célébration... — 10f par 100 liv. *Art. 1.er de la 2.e section de la 1.re classe du Tarif.*
- passés après la célébration... — 15f par 100 liv. *Art. 4 de la 3.e section de la 1.re classe du Tarif.*

DONNÉS par contrats de mariage sous signatures privées, soumis à l'enregistrement dans les six mois de leur date — 15f par 100 liv.
Art. 4 de la 3.e sect. de la 1.re classe du Tarif.

DONNÉS à titre gratuit par actes entre-vifs, hors contrat de mariage......
- en propriété.... — 20f par 100 liv. *Art. 4 de la 4.e section de la 1.re classe du Tarif.*
- en usufruit.... — 10f par 100 liv. *Art. 5 de la 2.e section de la 1.re classe du Tarif.*

VENDUS ou cédés... à titre onéreux, hors contrat de mariage....... — 20f par 100 liv.
Art. 4 de la 4.e section de la 1.re classe du Tarif.

AU SURVIV. DES ÉPOUX

DONNÉS à quelque titre que ce soit....
- en propriété.... — 20f par 100 liv. *Art. 9 de la 4.e section de la 1.re classe du Tarif.*
- en usufruit.... — 10f par 100 liv. *Art. 6 de la 2.e section de la 1.re classe du Tarif.*

EN COLLATÉRALE, OU À DES ÉTRANGERS,

DONNÉS par contrat de mariage........ — 20f par 100 liv.
Art. 2 de la 2.e section de la 1.re classe du Tarif.

par acte entre-vifs, hors contrat de mariage, d'objets présens....... en propriété, — Est dû les mêmes droits qu'il va être expliqué au premier paragraphe ci-après, & suivant les mêmes articles & sections du Tarif qui y sont rapportés....

ÉCHUS par succession ou, par donation éventuelle ou legs,

en propriété
- aux frères, sœurs, oncles & neveux..... — 40f par 100 liv. *Art. 2 de la 6.e section de la 1.re classe du Tarif.*
- aux parens aux troisième & quatrième degrés. — 3 liv. par 100 l. *Art. 1.er de la 7.e section de la 1.re classe du Tarif.*
- aux parens au-delà du 4.e degré & étrangers, — 4 liv. par 100 l. *8.e section de la 1.re classe du Tarif.*

en usufruit
- aux frères, sœurs, oncles & neveux..... — 20f par 100 liv. *Art. 8 de la 4.e sect. de la 1.re classe du Tarif.*
- aux parens aux troisième & quatrième degrés. — 30f par 100 liv. *Art. 3 de la 5.e section de la 1.re classe du Tarif.*
- aux parens au-delà du 4.e degré & étrangers. — 40f par 100 liv. *Art. 3 de la 6.e sect. de la 1.re classe du Tar.*

A RT.	I	QUOTIEÉ des droits & peines, fixés par les Décret & Tarif.

Suite de l'article 28.

IMMEUBLES réels ou fictifs. **DROITS** auxquels ils font assujettis aux mutations de propriété ou d'usufruit; *SAVOIR:*

EN COLLATÉRALE, OU À DES ÉTRANGERS,

	QUOTIEÉ
par retrait de réméré exercé dans le délai stipulé non excédant douze années. *Art. 3 de la 1.re section de la 1.re classe du Tarif. (Voyez cependant ci-après).*	5.f par 100 liv.
par licitation adjugée à des copropriétaires . . . . *Art. 3 de la 4.e section de la 1.re classe du Tarif.*	20.f par 100 liv.
à des étrangers, à la propriété des biens . . . . *Art. 1.er de la 6.e section de la 1.re classe du Tarif.*	40 sous par 100 l.
par échange, sans soulte, sur la valeur de l'une des parts . . . . *Art. 5 de la 4.e section de la 1.re classe du Tarif.*	20.f par 100 liv.
par soulte de partage . . . . *Art. 3 de la 4.e section de la 1.re classe du Tarif.*	20.f par 100 liv.
d'échange . . . . *Art. 5 de la 4.e section de la 1.re classe du Tarif.*	40.f par 100 liv.
par bail à vie sur une tête . . . . *Art. 8 de la 4.e section de la 1.re classe du Tarif.*	20.f par 100 liv.
sur plus d'une tête *Art. 1.er de la 6.e sect. de la 1.re classe du Tarif.*	40.f par 100 liv.
par bail au-dessus de 30 ans . . . . . . *Art. 1.er de la 6.e section de la 1.re classe du Tarif.*	40.f par 100 liv.
par bail à rente . . . . *Art. 1.er de la 6.e section de la 1.re classe du Tarif.*	40.f par 100 liv.
par engagement & contrat pignoratif, jusques & y compris 12 années . . . . *Art. 6 de la 4.e section de la 1.re classe du Tarif.*	20 par 100 liv.
au-dessus de 12 années . . . . *Art. 1.er de la 6.e section de la 1.re classe du Tarif.*	40.f par 100 liv.
par vente, cession & adjudication . . . . *Art. 1.er de la 6.e section de la 1.re classe du Tarif.*	40.f par 100 liv.
par rétrocession . . . . *Art. 1.er de la 6.e section de la 1.re classe du Tarif.*	40.f par 100 liv.
par rentrée & renvoi en possession, faute de payement de la rente ou d'exécution des clauses du premier contrat, ou en vertu de *retrait conventionnel,* excepté pour cause de nullité du titre primitif . . . . *Art. 7 de la 4.e section de la 1.re classe du Tarif.*	20.f par 100 liv.
par déclaration de command ou d'ami, faite dans les six mois qui suivront les ventes & adjudications, en vertu des réserves expressément stipulées, & aux mêmes conditions que l'acquisition . . . . *Art. 1.er de la 4.e section de la 3.e classe du Tarif.*	20 sous fixes.
faite après les six mois de l'acquisition . . . . . . *Art. 1.er de la 6.e section de la 1.re classe du Tarif.*	40.f par 100 liv.

K.

ART.			QUOTITÉ des droits & peines, fixés par les Décret & Tarif.

I

| 29. | INSTANCES relatives à la perception du droit d'enregiftrement. | L'introduction & l'inftruction auront lieu par fimples requêtes ou mémoires refpectivement communiqués, fans aucuns frais, autres que ceux du papier timbré & des fignifications des jugemens interlocutoires & définitifs, & fans qu'il foit néceffaire d'y employer le miniftère d'aucuns avocats ou procureurs, dont les écritures n'entreront point en taxe. *Art. XXV du Décret.* | |

| 30. | INSTANCES *ci - devant engagées*, relativement à la perception des droits de contrôle, infinuation, 100ᵉ denier, & autres y joints. | Elles feront éteintes & comme non avenues, à compter du jour de l'exécution du Décret qui fupprime ces droits; mais les parties pourront fe pourvoir de nouveau tant à charge qu'à décharge, fous les formes & dans les délais prefcrits par les articles XVIII & XXV du même Décret. *Voyez l'art. ci - deffus.* | |

Nota. L'article XVIII porte que toute demande & action tendante à un fupplément de droit fur un acte ou contrat, fera prefcrite après le délai d'une année à compter du jour de l'enregiftrement: les parties auront le même délai pour fe pourvoir en reftitution.

Toute contravention pour omiffion ou infuffifance d'évaluation dans les déclarations des héritiers, légataires & donataires éventuels, fera pareillement prefcrite après le laps de trois années.

Enfin, toute demande de droits réfultant de fucceffions directes ou collatérales, pour raifon des biens - meubles ou immeubles réels ou fictifs échus en propriété ou en ufufruits, par teftament, dons éventuels ou autrement, fera prefcrite après le laps de cinq années, à compter du jour de l'ouverture des droits.

Quant à l'article XXV du Décret, il eft rapporté ci - deffus, art. 29.

IMMEUBLES, &c.

Art.	I	Quotité des droits & peines, fixés par les Décret & Tarif.
31.	**IMMEUBLES** RÉELS. De quelle manière ils doivent être estimés,	soit qu'ils soient échus par succession, legs ou donation entre-vifs ou à cause de mort, soit qu'ils se trouvent compris dans des actes qui ne comportent pas de prix. *Voyez ce qui est dit à ce sujet à la lettre E, art. 13.*
32.	**INSINUATION** de FORMALITÉ,	sera donnée aux actes qui exigent la publicité, ainsi qu'il est prescrit par l'article XXIV du Décret de l'Assemblée Nationale, des 6 & 7 septembre 1790. *Art. I.ᵉʳ du Décret du 5 décembre suivant.*

Nota. Par un autre Décret du 28 janvier 1791, l'Assemblée Nationale déclare (art. VII) que par la disposition de l'art. XXIV du Décret des 6 & 7 septembre 1790, concernant l'*insinuation*, elle n'a pas entendu déroger à la déclaration du 17 février 1731, ni à l'ordonnance du même mois, ni aux autres loix de même nature ; qu'en conséquence, les actes assujettis par ces loix à l'insinuation, continueront d'être insinués, suivant les règles qu'elles ont établies, soit aux greffes des tribunaux de Districts, de la situation des immeubles, soit dans ceux du domicile des donateurs.

Sans néanmoins qu'on puisse arguer de nullité les insinuations qui, depuis la publication dudit Décret, jusqu'à celle du présent, auroient pu être faites, par une interprétation erronée dudit article XXIV, dans les bureaux des lieux où il n'existoit ci-devant que des justices seigneuriales, & où sont actuellement établis des tribunaux de Districts.

Seront également observées pour la publication judiciaire des actes qui seront *soumis* à cette formalité les distinctions établies par les anciennes loix, entre les tribunaux, de la situation des biens, & les tribunaux domiciliaires.

Art.		
33.	**JUGES** DES TRIBUNAUX de commerce, de Districts & autres.	Ne doivent avoir aucun égard ni rendre aucun jugement avant l'enregistrement des actes sous seing-privé, même des billets à ordre, en conséquence desquels il sera formé quelques demandes principales, incidentes ou en reconvention ; ils ne peuvent être signifiés ni produits en justice avant cette formalité remplie, & toute poursuite & signification faite au préjudice de cette disposition, sera nulle. *Art. XI du Décret.*
34.	**INVENTAIRES** du mobilier, & des titres & papiers { des gens de main-morte.	Décret du 20 avril 1790, qui porte, *art. XI,* qu'aussi-tôt après sa publication, les assemblées de Districts ou leurs Directoires feront faire, sans frais & *sans droits de contrôle*, un inventaire du mobilier & des titres & papiers dépendans de tous les bénéfices, corps, maisons & communautés de l'un & de l'autre sexe, &c. *Voyez cependant art. 22 ci-dessus.*	Dispensés des droits.

L

Art.			Quotité des droits & peines, fixés par les Décrets & Tarif.
1.	**LÉGATAIRES,** & Donataires éventuels.	d'immeubles réels ou fictifs.	

Doivent, dans les six mois après le jour que la mutation s'opère, faire la déclaration & acquitter les droits de tous les immeubles réels qui leur sont échus en propriété ou usufruit;

SAVOIR:

Pour les immeubles réels, au bureau de la situation des biens;

Et pour les immeubles fictifs, au bureau près le domicile du dernier possesseur.

Et passé ce délai, les parties peuvent être contraintes à payer lesdits droits, plus la moitié de la somme en quoi ils consistent.

Art. XII du Décret.

Mi-droit en sus du droit ordinaire.

2.	**LEGS UNIVERSEL,** & ce qui le caractérise.

Sera réputé tel, tout legs qui s'étendra sur la totalité des biens du testateur, meubles ou immeubles, ou sur un genre de biens propres, acquêts ou conquêts, & le droit d'enregistrement en sera payé à raison de la cote d'habitation dans la contribution personnelle des contractans.

Art. 1.er de la 2.e classe du Tarif.

A raison de la cotte d'habitation dans la contribution personnelle.

Cependant si le legs universel est fait en ligne directe, il ne sera assujetti qu'au demi-droit..............
Art. 4.e de la 2.e classe du Tarif.

Moitié du droit ordinaire.

3.	**LEGS PARTICULIERS,** & ce qui les caractérisent.

Seront réputés tels & sujets aux droits sur la déclaration estimative, tous ceux qui comprendront des objets mobiliers, désignés par leur espèce ou leur situation, quand même la consistance ou la quantité n'en seroient pas déterminées, tels que legs de la totalité des livres, linges & habits, armes & ustensiles du testateur, des meubles garnissant une chambre ou une maison, & autres semblables.

Art 1.er de la 2.e classe du Tarif.

L

Art.				Quotité des droits & peines, fixés par les Décret & Tarif.
4.	**LEGS** d'objets défignés & fufceptibles d'eftimation,	En directe,	De fommes & effets mobiliers........ *Art. 13 de la 1.re fect. de la 1.re claffe du Tarif.*	5 fous par 100 l.
			D'immeubles réels ou fictifs. En propriété.....	5 fous par 100 l.
			En ufufruit......	2 fous 6 deniers par 100 livres.

Mais il ne fera rien dû pour la réunion qui s'opérera de l'ufufruit à la propriété, lorfque le droit d'enregiftrement aura été acquitté fur la valeur entière du titre de propriété.
Art. 12 de la 1.re fect. de la 1.re claffe du Tarif.

5.	**LEGS** mobiliers, non en directe.	Si les fommes ou effets font défignés, & fufceptibles d'être eftimés, eft dû à raifon de leur valeur, fauf à faire diftraction des fommes & objets compris dans les legs & difpofitions auxquels il aura été fait renonciation à temps utile, & par acte en forme.................. *Art. 1.er de la 5.e fect. de la 1.re claffe du Tarif.*		30 fous par 100 l.

6.	**LEGS** non en directe,	D'immeubles réels ou fictifs,	Aux frères, fœurs, oncles & neveux,	En ufufruit............ *Art. 8 de la 4.e fect. de la 1.re claffe du Tarif.*	20 fous	Par cent livres.
				En propriété............ *Art. 2 de la 6.e fect. de la 1.re claffe du Tarif.*	40 fous	
			Aux parens aux 3.e & 4.e dégrés,	En ufufruit............ *Art. 3 de la 5.e fect. de la 1.re claffe du Tarif.*	30 fous	
				En propriété............ *Art. 1.er de la 7.e fect. de la 1.re claffe du Tarif.*	3 livres	
			Aux parens, au-delà du 4.e dégré, & étrangers,	En ufufruit............ *Art. 3 de la 6.e fect. de la 1.re claffe du Tarif.*	40 fous	
				En propriété............ *8.e fect. de la 1.re claffe du Tarif.*	4 livres	
6 bis.	**LEGS** ou libéralités,	En faveur des	Hôpitaux, Ecoles { d'inftruction & d'éducation, Et autres établiffemens publics de bienfaifance.	Il n'eft dû que moitié des droits fixés par le Tarif. *Voyez à la lettre H, art. 9.*	Moitié des droits ordinaires.
7.	**LEGS.**		Leurs délivrances.................... *Art. 1.er de la 4.e fect. de la 3.e claffe du Tarif.*	20 fous fixes.
			Les renonciations à iceux, à raifon d'un droit pour chaque legs .. *Art: 1.er de la 4.e fect. de 3.e claffe du Tarif.*	20 fous fixes.
8.	**LETTRES** ou jugemens & actes	de bénéfice	d'âge, d'inventaire, ou refcifion,	En quelque nombre que foient les impétrans...............	6 livres fixes.
			Art. 1.er de la 7.e fect. de la 3.e claffe du Tarif.		

ART.	L		QUOT... des dr... & peines... par les D... & T...
9.	**LETTRES** de voiture,	Paſſées devant les officiers publics, à raiſon d'un droit pour chaque perſonne à qui les envois ſeront faits. .... *Art. 1.ᵉʳ de la 1.ʳᵉ ſection de la 3.ᵉ claſſe du Tarif.*	5 ſous ...
10.	**LETTRES** de change,	Tirées de places en places, & leurs endoſſemens. Sont exemptes de la formalité & du droit d'enregiſtrement, ... *Art. II du Décret.*	Exemptes de l'enregiſtrement
11.	**LIVRES** des marchands, concernant leur commerce, lorſqu'ils ne contiendront point d'obligations.	Les extraits d'iceux ſont exempts de l'enregiſtrement & du payement des droits .... *Art. II du Décret.*	Exempts de l'enregiſtrement
12.	**LIBÉRATIONS** ou quittances	De ſommes déterminées, era payé............ *Art. 3 de la 1.ʳᵉ ſection de la 1.ʳᵉ claſſe du Tarif.*	5 ſous par 100 l
14.	**LICITATIONS** d'immeubles réels ou fictifs.	A raiſon du prix de ce qui ſera tranſporté aux ceſſionnaires ou adjudicataires. **SAVOIR:** A un copropriétaire .... *Art. 3 de la 4.ᵉ ſection de la 1.ʳᵉ claſſe du Tarif.* Et pour les objets adjugés à toute autre perſonne étrangère à la propriété des biens licités................... *Art. 1.ᵉʳ de la 6.ᵉ ſection de la 1.ʳᵉ claſſe du Tarif.*	20 ſous par 100 l. 40 ſous par 100 l.

M

Art.			QUOTITÉ des droits & peines, fixés par les Décret & Tarif.
1.	**MARCHÉS** & ADJUDICATIONS,	pour { Constructions, Réparations, Entretien, Approvisionnemens Et fournitures, } { dont le prix doit être payé des deniers du trésor public, ou par les départemens, districts & municipalités, est dû... }	5ʳ par 100 liv.
		Art. 4 de la 1.ᵉʳ section de la 1.ᵉʳ classe du Tarif.	
2.	**MARCHÉS** autres que ceux ci-dessus,	composés de sommes déterminées & d'objets mobiliers, désignés & susceptibles d'évaluation, doivent.......	10ˢ par 100 liv.
		Art. 7 de la 2.ᵉ section de la 1.ᵉʳ classe du Tarif.	
		Nota. Les résilimens de ces marchés avant que leur exécution ait été entamée, doivent............	20 sous fixes.
		Art. 1.ᵉʳ de la 4.ᵉ section de la 3.ᵉ classe du Tarif.	
3.	**MATELOTS** & gens de mer & d'équipage.	Leurs engagemens & les quittances de leurs salaires, qu'ils donnent aux armateurs à leur retour de voyage, doivent pour chaque engagement ou quittance, sans égard aux sommes qui seront désignées dans ces actes..	5 sous fixes.
		Art. 2 de la 1.ᵉʳ section de la 3.ᵉ classe du Tarif.	
4.	**MAINTIEN** ou RECONNOISSANCE	d'hypothèque en justice, doit................. *5.ᵉ section de la 3.ᵉ classe du Tarif.*	40 sous fixes.
5.	**MAIN-LEVÉE**	{ d'opposition ou de saisie, } { par acte civil ou judiciaire, doit... *5.ᵉ section de la 3.ᵉ classe du Tarif.* }	40 sous fixes.
6.	**MAINTENUE** en POSSESSION.	En justice, le jugement qui porte cette disposition, doit............ *5.ᵉ section de la 3.ᵉ classe du Tarif.*	40 sous fixes.
7.	**MÉMOIRES** D'AVANCES, & frais des officiers de justice.	S'ils ne contiennent point d'obligation, ils sont exempts du droit d'enregistrement. *Art. XI du Décret.*	Exempts de l'enregistrem.ᵗ

M

Art.						Quotité des droits & peines, fixes par les Décrets & Tarif.
8.	MUTATION { de propriété ou d'usufruit, dont il n'existera aucun acte.		Le titre de propriété ou d'usufruit d'immeubles réels ou fictifs sera enregistré. Et à défaut d'acte en forme ou sous seing-privé, contenant translatif n de nouvelle propriété, il sera fait enregistrement de la déclaration que les propriétaires & les usufruitiers seront tenus de fournir, de la consistance & de la valeur de ces immeubles, soit qu'ils les ayent recueillis par succession ou autrement en vertu des loix & coutumes, ou p r l'échéan e des conditions attachés aux dispositions éventuelles ; & à raison e cette formalité, il sera payé un droit dont les proportions sont déterminées par le Tarif. *Art. II du Décret.*			
9.	MEUBLES compris dans une vente d'immeubles.		S'ils ne sont estimés, ou s'il n'y a pour iceux un prix particulier, il est dû du tout ... *Art. 2 de la sixieme section de la premiere classe du Tarif.*			40 sous par 100 l.
			Si au contraire il y a un prix ou une estimation distincte, il n'est dû, conformément à l'art. 2 de la quatrième section de la premiere classe du Tarif, que ...			20 sous par 100 l.
10.	MEUBLES & autres objets mobiliers.	DROITS auxquels ils sont assujettis	EN DIRECTE.	Légués	par testament ou autre disposition à cause de mort ... *Art. 13 de la premiere section de la premiere classe du Tarif.*	5 sous par 100 l.
				Donnés	par contrat de mariage notariés, passés avant la célébration. *Art. 1 de la seconde section de la premiere classe du Tarif;*	10 sous par 100 l.
					après la célébration ... *Art. 4 de la troisieme section de la premiere classe du Tarif.*	15 sous par 100 l.
					par contrats de mariage sous seing-privé soumis à l'enregistrement dans le délai de six mois après leur date. *Art. 4 de la troisieme section de la premiere classe du Tarif.*	15 sous par 100 l.
					Si les contrats ne sont soumis à l'enregistrement qu'après six mois de leur date, il est dû le double des droits. *Art. II du Décret.*	30 sous par 100 l.
				par acte entre-vifs.	en usufruit ... *Art. 5 de la seconde section de la premiere classe du Tarif.*	10 sous par 100 l.
					en propriété ... *Art. 4 de la quatrième section de la premiere classe du Tarif.*	20 sous par 100 l.
			Au fur ivant des époques.	Vendus ou cédés	en propriété ... *Art. 4 de la 4.º section de la 1.ª classe du Tarif.*	20 sous par 100 l.
				donnés à que'que titre que ce soit en propriété ... *Art. 9 de la 4.º section de la 1.ª classe du Tarif.*		20 sous par 100 l.
				Par contrat de mariage notarié, ou sous seing-privé ... *Art. 1.er de la 2.º section, & art. 4 de la 3.º section de la 1.ª classe du Tarif.*		20 sous par 100 l.
				Si le contrat étant sous seing-privé, n'étoit soumis à l'enregistrement qu'après six mois de la date, il seroit dû le double du droit ... *Art. XI du Décret.*		40 sous par 100 l.
			Donnés ou cédés par parens collatéraux ou étrangers.	Par donation ou legs d'objets présens ... *Art. 1.er de la 5.º section de la 1.ª classe du Tarif.*		30 sous par 100 l.
				Par dons ou legs éventuels, à l'événem nt ... *Art. 2 de la 5.º section de la 1.ª classe du Tarif.*		30 sous par 100 l.
				Par vente, cession ou adjudication ... *Art. 2 de la 4.º section de la 1.ª classe du Tarif.*		20 sous par 100 l.
				Par donations mutuelles, ou c nventions réciproques de libéralité d'objets présens & déterminés ... *Art. 3 de la 3.º section de la 1.ª classe du Tarif.*		15 sous par 100 l.
				Par soulte de partage mobilier ... *Art. 2 de la 2.º section de la 1.ª classe du Tarif.*		20 sous par 100 l.

Les

Art	M	QUOTITÉ des droits & peines, fixés par es Décret & Tarif.
II. **MOBILIER** échu à des légataires & donataires éventuels.	Les donataires & légataires éventuels font tenus de faire une déclaration des fommes & autres objets mobiliers qu'ils ont recueillis par le décès des donateurs, ou par l'événement d'autres conditions éventuelles & prévues par actes ou contrats qui n'auront pas payé les droits proportionnels fur lefdites fommes ou valeurs defdits effets mobiliers, & doivent..............	30 fous par 100 l.

Art. 2 de la 5.ᵉ fect. de la 1.ʳᵉ claffe du Tarif.

Voyez au furplus l'article précédent, pour les exceptions à faire en directe ou pour le furvivant des époux.

Et à la lettre D , *art. 24,* pour les droits perçus fur les actes dont il faut tenir compte aux parties.

L.

Art.		N	

1.	NOTAIRES.	Sont tenus, ainsi que les parties, de payer les droits dans tous les cas, ainsi qu'ils sont réglés par le Tarif; ils ne peuvent en atténuer ni différer le payement sous le prétexte de contestations sur la quotité, ni pour quelque cause que ce soit, sauf à se pourvoir en restitution, s'il y a lieu, pardevant les juges compétens. *Art. XVI du Décret.*
2.	NOTAIRES.	Les actes qu'ils reçoivent, doivent être soumis à l'enregistrement; savoir : dans les dix jours après celui de la date, lorsque l'officier réside dans le même lieu que celui où le bureau est établi, & dans les vingt jours lorsque l'officier réside hors le lieu de l'établissement du bureau; à l'exception cependant des testamens qui doivent être présentés trois mois au plus tard après le décès des testateurs. *Art. VIII du Décret.*
3.	NOTAIRES.	Dans les expéditions de leurs actes, ils doivent faire mention de la formalité de l'enregistrement, par la transcription littérale de la quittance du receveur; & dans le cas de fausse mention d'enregistrement, ils doivent être condamnés aux peines prononcées pour le faux matériel. *Art. VIII du Décret.*
4.	NOTAIRES.	S'ils délivrent un acte soit en brevet, soit par expédition, avant qu'il ait été enregistré, ils seront tenus de la restitution des droits, comme il va être dit à l'article suivant, & interdits s'il y a récidive. *Article VIII du Décret.*

Art.			Quotité des droits & peines , fixés par les Décret & Tarif.

N

5. **NOTAIRES.** Leurs actes non enregistrés dans les délais fixés, ne vaudront que comme actes fous feings privés : ils feront refponfables envers les parties des dommages qui pourroient réfulter de cette omiffion ; ils feront contraints , fur la demande du prépofé, à payer deux fois le montant des droits , dont l'un fera à leur charge & l'autre à celle des contractans.

Article IX du Décret. (Voyez au furplus l'art. ci-après.)

6. **NOTAIRES,** S'ils négligent de faire enregistrer leurs actes ; en ce cas, les parties pourront elles-mêmes requérir cet enregistrement en acquittant une fois le droit , fauf leur recours contre les notaires à qui elles l'auroient déjà payé, & fauf au prépofé à pourfuivre les notaires pour le fecond droit , réfultant de leur contravention.

Art. IX du Décret.

7. **NOTAIRES.** Ne peuvent recevoir en dépôt aucun acte fous feing privé, fans être enregistré préalablement , fi ce n'eft les teftamens.

Ils ne peuvent auffi , avant ce préalable rempli , délivrer d'extraits ou copies collationnées, ni paffer aucun acte ou contrat en conféquence defdits actes fous feing privé.

Art. XI du Décret. (Voyez au furplus à la lettre A, art. 16.)

Art.			Quotité des droits & peines, fixées par les Décrets & Tarif.

N

8.	NOTAIRES.	Sont tenus, à peine d'une fomme de 50 livres pour chaque omiffion, d'infcrire jour par jour fur leurs répertoires, les actes & contrats qu'ils reçoivent, même ceux qu'ils délivrent en brevet, les teftamens & les actes de dépôt de ceux fous fignature privée doivent auffi y être infcrits, fans autre indication que celle de la date de l'acte, & du nom des teftateurs; & le prépofé ne peut prendre communication de ces actes, ni aucune note qui y foit relative avant le décès des teftateurs. *Art. XIV du Décret.* *Nota.* Par Décret du 20 janvier 1791, il eft dit, *art. II,* que le 31 dudit mois, les notaires & tabellions feront arrêter leurs répertoires par l'un des officiers du tribunal de diftrict; & à défaut de tribunal, par le juge de paix, & que les prépofés pourront fe faire repréfenter ces répertoires pour s'affurer de l'exécution de cette difpofition.	5 oll pour chaque omiffion.
9.	NOTAIRES.	Doivent à toute réquifition exhiber leurs répertoires aux prépofés, & leur communiquer feulement les actes paffés dans l'année antérieure, à compter du jour où cette communication fera demandée. Quant aux actes plus anciens, les prépofés ne pourront en requérir la lecture qu'en indiquant leur date & les noms des parties contractantes, & fur ordonnance de juge; & s'ils en demandent des expéditions, elles leur feront délivrées en payant 2^f 6^d par chaque extrait ou rôle d'expédition, outre les frais du papier timbré. *Art. XIV du Décret.*	
10.	NOTAIRES.	Doivent certifier conformes à l'original, les copies d'actes dont ils ne confervent pas de minute, & que les prépofés tireront comme contenant des renfeignemens dont la trace peut être utile; & en cas de refus de l'officier, le prépofé s'en procurera la collation en forme à fes frais, fauf répétition en cas de droit; le tout dans les vingt-quatre heures de la préfentation de l'acte au bureau. *Art. XVII du Décret.*	

ART.	N	QUOTITÉ des droits & pièces, fixés par les Décret & Tarif.
11.	**NULLITÉ.** Lorsque pour cette cause ou toutes autres, on refait des actes sans aucuns changemens qui ajoutent aux objets des conventions ou à leur valeur, il ne sera perçu pour lesdits actes refaits que, ... *Art. 5 de la 4.ᵉ section de la 3.ᵉ classe du Tarif.*	20 sous fixes.
	Il en sera de même des contrats & jugemens qui, en prononçant la nullité d'un acte tranflatif de propriété de biens-immobiliers, entr'autre parce qu'il n'auroit pas été exécuté, soit par l'entrée effective de l'acquéreur en jouiffance, soit par le payement du tout ou partie du prix, opéreront le délaiffement, déguerpiffement, renvoi & rentrée en poffeffion defdits biens, faute de payement de la rente ou d'exécution des claufes du premier contrat, ou en vertu de retraits conventionnels. . . . . *Art. 7 de la 4.ᵉ section de la 1.ʳᵉ classe du Tarif.*	20 sous fixes.
12.	**NOMINATIONS** en Juftice, au greffe, ou devant notaires, d'Experts, ou d'Arbitres. Eft dû . . . . *Art. 1.ᵉʳ de la 4.ᵉ section de la 3.ᵉ claffe du Tarif.*	20 sous fixes.
	Tuteurs, Curateurs, Commiffaires, Directeurs, ou Séqueftres. eft dû . . . . *5.ᵉ section de la 3.ᵉ claffe du Tarif.*	40 sous fixes.
13.	**NANTISSEMENS** en Juftice. Le jugement qui le prononce, doit . . . . *5.ᵉ section de la 3.ᵉ claffe du Tarif.*	40 sous fixes.

Art.	N	Quotité des droits & peines, fixés par les Décret & Tarif.
14.	**NOTIFICATION** de recours au *tribunal de cassation.* { Le premier acte qui contiendra cette notification, devra.. Ainsi que les expéditions des jugemens de cette cour.. *Art. 2 de la 8.e section de la 3.e classe du Tarif.*	12 livres fixes. 12 livres fixes.

O

ART.		QUOTITÉ des droits & peines, fixés par les Décret & Tarif.
1.	**OFFICIERS** PUBLICS doivent payer les droits suivant qu'ils sont réglés par le Tarif.	Les notaires, greffiers & huissiers sont tenus, ainsi que les parties, de payer les droits dans tous les cas, suivant qu'ils sont réglés par le Tarif. Ils ne peuvent en atténuer ni différer le payement sous le prétexte de contestation sur la quotité, ni pour quelque cause que ce soit, sauf à se pourvoir en restitution, s'il y a lieu, par-devant les juges compétens. *Art. XVI du Décret.*	
2.	**OFFICIERS** PUBLICS; ce que les préposés sont en droit d'exiger d'eux.	Les préposés ne peuvent faire aucune visite domiciliaire ou recherche générale dans leurs dépôts, mais ils sont en droit de leur faire exhiber leur répertoire à toute réquisition, & d'exiger la communication seulement des actes passés dans l'année antérieure, à compter du jour où cette communication sera demandée. A l'égard des actes plus anciens, les préposés pourront, sur ordonnance du juge, en requérir la lecture, en indiquant leur date & les noms des parties contractantes; & s'ils en demandent des expéditions, elles leur seront délivrées, en payant 2 sous 6 deniers par chaque extrait ou rôle d'expédition, outre les frais du papier timbré. *Art. XIV du Décret.* Si un acte dont il n'y a pas de minute, ou un exploit, contenoit des renseignemens dont la trace pût être utile, le préposé auroit la faculté d'en tirer une copie, & de la faire certifier conforme à l'original par l'officier qui l'auroit présenté à la formalité; & sur le refus de l'officier, il s'en procureroit la collation en forme à ses frais, sauf répétition en cas de droit : le tout dans les vingt-quatre heures de la présentation de l'acte au bureau. *Art. XVII du Décret.*	

O

Art.				Quotité des droits & peines, fixées par les Décret & Tarif.
3.	OFFICIERS PUBLICS,	Tels que { Notaires, Procureurs, Greffiers & Huissiers, ainsi que les juges & commissaires du Roi,	ne pourront à l'avenir être préposés à l'exercice de bureaux pour l'enregistrement des actes. *Art. XV du Décret.*	i
4.	OBLIGATIONS		de sommes déterminées sans libéralité & sans que l'obligation soit le prix de la transmission d'aucuns objets mobiliers ou immobiliers, doivent, à raison de la somme. *Art. 1.er de la 3.e section de la 1.re classe du Tarif.*	15f par 100 liv.
5.	OBLIGATION		à la grosse aventure, & pour retour de voyage, doit... *Art. 7 de la 1.re section de la 1.re classe du Tarif.*	5f par 100 liv.
6.	OMISSION de biens dans les déclarations des héritiers, légataires, & donataires éventuels.		Il sera payé deux fois la somme du droit sur la valeur des objets omis................. *Art. VI du Décret.* Les contraventions de ce genre, de même que toute autre, seront prescrites après le laps de trois années. *Art. XVIII du Décret.*	Double droit.
7.	OPPOSITIONS		payeront........................ *Art. 1.er de la 4.e section de la 3.e classe du Tarif.*	20 sous fixes,
8.	OPPOSITION convertie en saisie.		Le jugement qui fait cette conversion, doit......... *5.e section de la 3.e classe du Tarif.*	40 sous fixes,

OPPOSITIONS

ART.		QUOTITÉ des droits & peines, fixés par les Décret & Tarif.

O

| 9. | OPPOSITIONS au bureau du conservateur des finances, ou d'hypothèques des offices. | Par l'art. VII d'un Décret de l'Assemblée Nationale, du 28 novembre 1790, il a été dit que ces oppositions ne seront point assujetties au contrôle, & pourront être formées par tous les huissiers royaux , exerçant auprès des Tribunaux. | Exemptes de droits. |

M.

ART.			QUOTITÉ des droits & peines, fixés par les Décrets & Tarif.

P

1. **PRESTATION DE SERMENT** des Receveurs du droit d'enregistrement.

Elle doit être faite au tribunal du district dans le ressort duquel le bureau sera placé.

Cette prestation aura lieu sans autres frais que ceux du timbre de l'expédition, qui en sera délivrée.
Art. XV du Décret.

2. **PRÉPOSÉS ou RECEVEURS du** droit d'enregistrement.

Ne peuvent sous aucun prétexte, pas même en cas de contravention, différer l'enregistrement des actes dont les droits leur auront été payés, conformément au Tarif. Ils ne pourront suspendre ou arrêter le cours des procédures en retenant aucuns actes ou exploits; mais si un acte dont il n'y a pas de minute, ou un exploit, contenoit des renseignemens dont la trace pût être utile, le préposé auroit la faculté d'en tirer une copie, & de la faire certifier conforme à l'original, par l'officier qui l'auroit présenté; & sur le refus de l'officier, il s'en procureroit la collation en forme, à ses frais, sauf répétition en cas de droit: le tout dans les vingt-quatre heures de la présentation de l'acte au bureau.

Art. XVII du Décret. (Voyez l'art. 19 ci-après.)

2. bis. **PROPRIÉTÉ** d'immeubles réels ou fictifs, doit être enregistrée, qu'il y ait acte ou non.

Le titre par lequel cette propriété s'opère ou s'acquiert, doit être enregistré.
Art. II du Décret.

Et s'il n'y a pas d'acte en forme ou sous seing-privé, *Voyez à la lettre A, art. 15, & la lettre M, art. 8.*

3. **PROPRIÉTÉ** réunie à l'usufruit.

Lorsque des héritiers, légataires & donataires réuniront une propriété d'immeubles à un usufruit, à quelque titre que ce soit, le droit ne sera payé que sur l'estimation ou le prix de la propriété, déduction faite de l'usufruit.
Art. VIII de la 4ᵉ section de la 1.ʳᵉ classe du Tarif.

P.

				QUOTITÉ des droits & peines, fixés par les Décret & Tarif.

4. **PROMESSE DE PAYER,** contenant obligation de fomme déterminée, fans libéralité, & fans que l'obligation foit le prix de la tranfmiffion d'aucuns objets mobiliers ou immobiliers, doit . . . .
Art. 1.er de la 3.e fection de la 1.re claffe du Tarif.

15ᶜ par 100 liv.

5. **PROCÈS-VERBAUX de** Ventes & adjudications de biens-meubles, coupes de bois taillis & futaies, autres que ceux nationaux, & de tous autres objets mobiliers, foit que ces ventes foient faites à l'enchère, par autorité de juftice ou autrement, à raifon de tout ce qui en forme le prix . . . .
Art. 2 de la 4.e fection de la 1.re claffe du Tarif.

20ᶜ par 100 liv.

6. **PROCÈS-VERBAUX de délits & contraventions aux règlemens généraux de police ou d'impofition.**

Doivent être enregiftrés, à peine de nullité, dans les quatre jours qui fuivront celui de leur date, & avant qu'aucun huiffier puiffe en faire la fignification ; & fera payé . . . .

10 fous fixes.

Et dans le cas où la fignification feroit faite par le procès-verbal, & dans le *même contexte*, il ne fera perçu que le droit fixé ci-deffus, tant pour le procès-verbal que pour la fignification *à un feul* délinquant : & s'il y a plufieurs délinquans, les droits des fignifications faites au fecond & aux fuivans, feront perçus, outre celui du procès-verbal, fur le pied chacun de . . . .
Art. 1.er de la 2.e fection de la 3.e claffe du Tarif.

5 fous fixes.

Sans qu'on puiffe cependant exiger plus de cinq droits fur un exploit ou procès-verbal fait dans un feul jour & pour le même fait.
Art. 2 de la 3.e fection de la 3.e claffe du Tarif.

4 droits au plus en fus de celui du procès-verbal.

7. **PROCÈS-VERBAUX, autres que ceux défignés ci-deffus,** qui ne contiendront que des difpofitions préparatoires & de pure formalité . . . .
Art. 1.er de la 4.e fection de 3.e claffe du Tarif.

10 fous fixes.

8. **PROTESTATION.** Doit . . . .
Art. 1.er de la 4.e fection de la 3.e claffe du Tarif.

10 fous fixes.

M ij

Art.		P.	Quotité des droits & peines, fixées par les Décrets & Tarif.
8.	PRISES DE POSSESSION,	Sans que néanmoins le droit puisse excéder ceux perçus pour les actes précédens auxquels elles auront rapport, doivent. . . . . *Art. 2 de la 4.ᵉ section de la 3.ᵉ classe du Tarif.*	20 sous fixes.
9.	PROCURATIONS,	Qui ne contiendront que des dispositions préparatoires & de pure formalité, doivent. . . . . *Art. 1.ᵉʳ de la 4.ᵉ section de la 3.ᵉ classe du Tarif.*	20 sous fixes.
10.	PROMESSE de garder succession.	Non en directe, doit. *Art. 2 de la 2.ᵉ classe du Tarif.* En directe, il n'est dû que le demi-droit. . . . . *Art. 4 de la 2.ᵉ classe du Tarif.*	A raison de la cotte d'habitation dans la contribution personnelle des contractans. Demi-droit.
11.	PROCÈS-VERBAUX & autres actes,	Faits & ordonnés par les corps municipaux & administratifs. *Voyez à la lettre C, art. 4.*	
12.	PUBLICATION judiciaire de donations.	Le jugement qui porte cette disposition, doit. . . . . *5.ᵉ section de la 2.ᵉ classe du Tarif.*	40 sous fixes.
13.	PREMIER ACTE,	Portant notification de recours au tribunal de cassation. *Art. 2 de la 8.ᵉ section de la 3.ᵉ classe du Tarif.*	12 livres fixes.
14.	PASSE-PORTS	Délivrés par les officiers publics, sont exempts de droits. . . . . *Art. XI du Décret.*	Exempts de droits.

Art.		P	Quotité des droits & peines, fixés par les Décret & Tarif.

De biens mobiliers, doit (*)................ 10 sous par 100 l.

S'il y a soulte, il sera dû sur icelle.......... 20 sous par 100 l.

(*) Nota. Si le partage a été précédé d'un inventaire en forme authentique, il sera fait déduction des droits jusqu'à concurrence des sommes payées lors de l'inventaire, pour raison des objets inventoriés qui entreront dans la masse du partage.
Art. 2 de la 2.e sect. de la 1.re classe du Tarif.

15. **PARTAGE** Par l'article V du Décret, il est dit que pour les partages de biens-meubles & autres actes qui ne comporteront pas de prix, le droit d'enregistrement sera réglé pour les propriétés mobiliaires & les immeubles fictifs, d'après la déclaration estimative des parties; & pour les immeubles réels, d'après la déclaration que les parties seront tenues de faire de ce que ces immeubles payent de contribution foncière, & dans le rapport du principal au denier 25 du revenu desdits biens.

Voyez art. 13 de la lettre E.

De biens immeubles réels ou fictifs, sans soulte ni retour, est dû................................ 20 sous fixes.
Art. 1.er de la 4.e sect. de la 3.e classe du Tarif.

16. **PARTAGE entre copropriétaires,** Et s'il y a soulte ou cession entre les copropriétaires, il sera dû à raison de ce qui sera transporté aux cessionnaires................................ 20 sous par 100 l.
Art. { 2 de la 2.e sect. } de la 1.re classe du Tarif.
      { 3 de la 4.e sect. }

17. **PARTAGES sous signatures privées, contenant mutation d'immeubles réels ou fictifs.** Doivent recevoir la formalité de l'enregistrement, dans les six mois qui suivront le jour de leur date; passé ce délai, s'ils sont produits en justice, ou énoncés dans un acte authentique, ils seront assujettis au payement du double droit. — Double droit.
Art. XI du Décret.

ART.			QUOTITÉ des droits & peines, fixées par les Décrets & Tarif.

P

18.	PRESCRIPTION de droits .	Est acquise ; SAVOIR :	Après une année expirée, à compter du jour de l'enregistrement, pour les suppléments de droits & les restitutions ; Après le laps de trois ans, pour les contraventions de toutes espèces ; Et après cinq ans, du jour de l'ouverture des droits résultans de successions directes ou collatérales, pour raison des biens-meubles & immeubles réels ou fictifs, échus en propriété ou en usufruit, par testamens, dons éventuels, ou autrement. *Art. XVIII du Décret.*
19.	PRÉPOSÉS ou EMPLOYÉS.		Ne peuvent faire aucunes visites domiciliaires ou recherches générales dans les dépôts des officiers publics. *Voyez ce qui est dit à ce sujet à la lettre V, art. 1.er.*
20.	PEINES encourues	Soit pour contraventions, soit pour négligences	Relatives à la formalité & acquit du droit d'enregistrement, ou tenue de répertoire. *Voyez à ce sujet art. 66 de la lettre A.*
21.	PATURAGES.		Pour les baux d'iceux, *Voyez à la lettre B, art. 9.*
22.	PAPIER TIMBRÉ.		Décret du 20 janvier 1791, qui porte, *article III*, qu'à compter du 1.er février prochain, la distribution du Papier timbré sera confiée aux Commissaires nommés pour la régie des droits d'enregistrement.

Q

ART.			QUOTITÉ des droits & peines, fixés par les Décret & Tarif.
1.	**QUITTANCES** de rachat de droits féodaux.	Conformément à l'article LIV du Décret de l'Assemblée nationale, du 3 mai 1790, est dû........ Art. 1.er de la 3.e sect. de la 3.e classe du Tarif. (Voyez art. 6 ci-après).	15 sous fixes.
2.	**QUITTANCES** ou libération	De sommes déterminées...:............ Art. 3 de la 1.re sect. de la 1.re classe du Tarif.	5 sous par 100 l.
3.	**QUITTANCES** de salaires de matelots, gens de mer & d'équipage,	Qui seront données aux armateurs, au retour de voyages, à raison d'un droit pour chaque quittance, sans égard aux sommes qui y seront désignées....... Art. 2 de la 1.re sect. de la 3.e classe du Tarif.	5 sous fixes.
4.	**QUITTANCES** de remboursement de rentes,	Et tous autres actes de libération qui expriment des valeurs........................: Art. 3 de la 1.re sect. de la 1.re classe du Tarif. (Voyez cependant art. 6 ci-après).	5 sous par 100 l.
5.	**QUITTANCES** de remboursement d'offices par l'État.	Par un Décret de l'Assemblée nationale, du 28 novembre 1790, il est dit, *article XII*, que ces quittances seront données sur papier à un seul timbre, & ne pourront être assujetties au *contrôle*.	Dispensés de la formalité de l'enregistrement.
6.	**QUITTANCES** de rachat de rentes foncières.	Par un décret du 18 décembre 1790, additionnel à celui du 5 dudit mois, le droit d'enregistrement des quittances de rachat de rentes foncières, a été fixé à quinze sous, ci........................	15 sous fixes.

ART.			QUOTITÉ des droits & peines, fixés par les Décrets & Tarif.

R

1.	RECEVEURS du droit d'enregistrement.	Leur preſtation de ſerment doit être faite au tribunal du diſtrict dans le reſſort duquel le bureau ſe trouve placé, & ſans autres frais que ceux du timbre de l'expédition qui en ſera délivrée. *Art. XV du Décret.*	
2.	RECEVEURS du droit d'enregistrement.	Ne peuvent ſous aucun prétexte, pas même en cas de contravention, différer l'enregiſtrement des actes dont les droits leur auront été payés conformément au Tarif. Ils ne peuvent non plus ſuſpendre ou arrêter le cours des procédures, en retenant aucuns actes ou exploits; mais ſi un acte dont il n'y a pas de minute, ou un exploit, contenoit des renſeignemens dont la trace pût être utile, le prépoſé auroit la faculté d'en tirer une copie & de la faire certifier conforme à l'original par l'officier qui l'auroit préſenté; & ſur le refus de l'officier, il s'en procurera la collation en forme à ſes frais, ſauf répétition en cas de droit: le tout dans les vingt-quatre heures de la préſentation de l'acte au bureau. *Art. XVII du Décret.*	
3.	RECEVEURS du droit d'enregistrement.	Ne peuvent faire aucune viſite domiciliaire ou recherches générales dans les dépôts des officiers publics. *Voyez ce qui eſt dit à ce ſujet à l'art. 1er de la lettre V.*	
4.	RÉPERTOIRES des Notaires.	Tous les actes y doivent être portés jour par jour, même les actes en brevet & les teſtamens, & actes de dépôts d'iceux, à peine de 50 liv. pour chaque omiſſion. *Art. XIV du Décret. (Voyez à la lettre N, art. 8.)*	50 liv. pour chaque omiſſion.

Nota. Par un Décret du 20 janvier 1791, il eſt dit *article II,* que le 31 dudit mois, les Notaires feront arrêter leurs répertoires par un officier du tribunal de Diſtrict, ou par le juge de paix, ou bien par un des aſſeſſeurs ou des officiers municipaux; que les prépoſés pourront compulſer leſdits répertoires pour s'aſſurer de l'exécution de cette diſpoſition.

RÉPERTOIRES

Art.	R	QUOTITÉ des droits & peines, fixés par les Décret & Tarif.
5.	**RÉPERTOIRES** des Greffiers. { Il doit y être porté, jour par jour, tous les actes volontaires reçus par les greffiers, & ceux dont il résultera transmission de propriété ou de jouissance de biens immeubles ; le tout à peine de 5o^{tt} pour chaque omission. *Art. XIV du Décret.*	50 livres pour chaque omission.
6.	**RÉPERTOIRES** des Huissiers. { Ces officiers doivent y porter tous leurs actes & exploits, à peine de 1o^{tt} pour chaque omission............ *Art. XIV du Décret.*	10 livres pour chaque omission.
7.	**RECHERCHES** & **VÉRIFICATIONS** générales dans les dépots publics. { sont interdites aux préposés. *Voyez* cependant pour ce qu'ils peuvent exiger des officiers publics, ce qui est dit à la lettre V, *art. I.*".	
8.	**ROLES** DES CONTRIBUTIONS directes, personnelles, ou foncières, { La communication en doit être donnée aux préposés à la perception des droits d'enregistrement, soit par les collecteurs, soit par tous dépositaires desdits rôles, qui doivent même laisser prendre auxdits préposés des extraits d'iceux à toute réquisition sur papier libre, & les certifier sans frais. *Art. XX du Décret.*	
9.	**REFUS** par les parties contractantes, de représenter ou faire déclaration du montant de leur cotte d'imposition. { Pour la conduite à tenir par le préposé, & le parti à prendre, voyez à la lettre C, *art. 15.*	

N.

Art.			Quotité des droits & peines, fixés par les Décrets & Tarif.
	R		
10.	**RESTITUTION** de droits aux parties.	La demande & action en sera prescrite après le délai d'une année, à compter du jour de l'enregistrement. *Art. XVIII du Décret.*	
11.	**REVENTES** ou **SUBROGATIONS**	de biens nationaux. *Voyez ce qui est dit à la lettre* V, *art. 2.*	
12.	**RECONSTITUTIONS** de rentes dues par l'État,	qui feront faites au profit des acquéreurs de ces rentes par ceffions ou tranfports, fera dû.............. *Art. 1.er de la 4.e fection de la 1re claffe du Tarif.*	20 fous par 100 l.
13.	**RENTES** dues par l'Etat.	Leur reconftitution faite au profit des acquéreurs, par ceffion ou tranfport, doit.................. *Art 1.er de la 4.e fection de la 1re claffe du Tarif.*	20 fous par 100 l.
14.	**RENTES** perpétuelles ou viagères fur particuliers.	Les contrats de conftitution de ces rentes, doivent. *Art. 1.er de la 4.e fection de la 1re claffe du Tarif.*	20 fous par 100 l.
15.	**RACHAT** de droits féodeaux.	Les quittances qui feront données à ce fujet, conformément à l'art. LIV du Décret de l'Affemblée Nationale, du 3 mai 1790, ne devront que................ *Art. 1.er de la 3.e fection de la 3.e claffe du Tarif.* *(Voyez cependant art. 35 ci-après.)*	15 fous fixes.
16.	**REMBOURSEMENT** de rentes,	& tous autres actes de libération qui expriment des valeurs, doivent............................ *Art. 3 de la 1re fection de la 1re claffe du Tarif.* *(Voyez cependant, art. 35 ci-après.)*	5 fous par 100 l.
17.	**RETRAITS** de réméré ou conventionels.	Lorfqu'ils font exercés dans le délai ftipulé, non excédant 12 années, eft dû................... *Art. 3, de la 1re fection de la 1re claffe du Tarif.* *(Voyez l'art. ci-après.)*	5 fous par 100 l.

R

ART.			QUOTITÉ des droits & peines, fixés par les Décret & Tarif.
18.	RENVOI ou rentrée en poffeffion par contrats ou jugemens,	de biens-immeubles , faute de payement de la rente ou d'exécution des claufes du premier contrat, ou en vertu de retraits conventionnels ; eft dû . . . . Mais dans le cas où le contrat antérieur auroit été jugé radicalement nul, comme dans celui où il n'auroit pas été exécuté , foit par l'entrée effective de l'acquéreur en jouiffance , foit par le payement du tout ou partie du prix, il ne feroit dû que . . . . *Art. 7 de la 4.ᵉ fection de la 1.ʳᵉ claffe du Tarif.* *(Voyez l'article 1 7 ci-deffus.)*	20ᶠ par 100 liv. 10 fous fixes.
19.	RÉTROCESSION D'IMMEUBLES.	En propriété , doit . . . . *Art. 1.ᵉʳ de la 6.ᵉ fection de la 1.ʳᵉ claffe du Tarif.*	40ᶠ par 100 liv.
20.	RÉUNION de la propriété à l'ufufruit.	A quelque titre que ce foit , les droits ne feront payés que fur l'eftimation ou prix de la nue propriété, déduction faite de l'ufufruit. *Art. 8 de la 4.ᵉ fection de la 1ʳᵉ claffe du Tarif.*	
bis. 20.	RÉUNION de l'ufufruit à la propriété.	Si le droit a été acquitté lors de la mutation de propriété fur la valeur entière de l'immeuble , il ne fera dû aucun nouveau droit pour la réunion de l'ufufruit. *Art. 2 de la 6.ᵉ fection de la 1.ʳᵉ claffe du Tarif.* Mais fi la réunion s'opère par acte , dans la fuppofition auffi que le droit auroit été acquitté en entier lors de la mutation de propriété, il ne feroit dû pour l'acte qui opéreroit la réunion de l'ufufruit à la propriété, que . . . *Art. 4 de la 4.ᵉ fection de la 3.ᵉ claffe du Tarif.*	Difpenfé de droits. 10 fous fixes.
21.	RETOURS ou SOULTES ;	Par échange { d'immeubles, doivent . . . . . *Art. 5 de la 4.ᵉ fection de la 1.ʳᵉ claffe du Tarif.* Par partage, { foit de meubles . . . . { foit d'immeubles . . . . *Art.* { 2 de la 2ᵉ fection } *de la 1ʳᵉ claffe du Tarif.* { 3 de la 4ᵉ fection }	40ᶠ par 100 liv. 20ᶠ par 100 liv.

R

Art.			Quotité des droits & peines fixés par le Décret & Tarif
22.	REPRISES, Rétention, & autres avantages.	accordés en propriété par contrat de mariage ou autrement, au survivant des époux, de tous biens immobiliers, capitaux de rentes, pensions, sommes & objets mobiliers à eux échus à titre gratuit, fera dû, dans les six mois après l'époque où ces avantages auront leur effet.......... *Art. 9 de la 4.ᵉ section de la 1.ʳᵉ classe du Tarif.*	2 ₒf par 100 ₗᵢᵥ
		Si les immeubles n'étoient donnés qu'en usufruit au survivant des époux, il ne seroit dû que.......... *Art. 6 de la 2ᵉ section de la 1.ʳᵉ classe du Tarif.*	1 ₒf par 100 liv.
23.	RAPPELS à succession.	Non en directe, le droit est dû.......... *Art. 2 de la 2.ᵉ classe du Tarif.*	A raison de la cotte d'habitation dans la contribution personnelle des contribuans.
		Et en directe il n'est dû que le demi-droit, fixé ci-dessus.......... *Art 4 de la 2.ᵉ classe du Tarif.*	Demi-droit.
24.	RENONCIATIONS à legs ou dons.	Doivent être faites à temps utile & par acte en forme. *Art. 1.ᵉʳ de la 5.ᵉ section de la 1.ʳᵉ classe du Tarif.*	
		Pour lesdites renonciations il est dû, à raison d'un droit pour chaque legs.......... *Art. 1.ᵉʳ de la 4.ᵉ section de la 3.ᵉ classe du Tarif.*	20 sous fixes.
25.	RENONCIATION à successions ou communautés.	A raison d'un droit pour chaque succession, est dû.. *Art. 1ᵉʳ de la 4.ᵉ section de la 3.ᵉ classe du Tarif.*	20 sous fixes.
26.	RECONNOISSANCES de bestiaux.	D'après l'évaluation qui se trouvera dans l'acte, ou à défaut, d'après l'estimation qui sera faite des bestiaux... *Art. 9 de la 1.ʳᵉ section de la 1.ʳᵉ classe du Tarif.*	5ᶠ par 100 liv.
27.	RECONNOISSANCES ou connoissemens	De chargemens par mer, à raison d'un droit par chaque personne à qui les envois sont adressés.......... *Art. 2 de la 2.ᵉ section de la 3.ᵉ classe du Tarif.*	10 sous fixes.

Art.			Quotité des droits & peines, fixés par les Décret & Tarif.
28.	RECONNOISSANCES ou titres nouvels	de rentes, par actes ou jugemens, doivent.......... Sans que néanmoins le droit puisse excéder ceux perçus fur les actes précédens auxquels ils auront rapport. Art. 2 de la 4.ᵉ section de la 3.ᵉ classe du Tarif.	20 sous fixes.
29.	RECONNOISSANCE & apposition	de scellés : pour chaque vacation, est dû......... 5.ᵉ section de la 3.ᵉ classe du Tarif.	40 sous fixes.
30.	RECONNOISSANCE ou maintien	D'hypothèque, en justice, doit............... 5.ᵉ section de la 3.ᵉ classe du Tarif.	40 sous fixes.
31.	RÉSILIEMENT	De marchés, & de toutes espèces de conventions, avant que leur exécution ait été entamée.......... MÊME, De contrats de ventes d'immeubles avant que l'acquéreur soit entré en jouissance, ou payement du prix de l'acquisition...................... Art. 1.ᵉʳ de la 4.ᵉ section de la 3.ᵉ classe du Tarif. (Voyez à la lettre D, art. 25.)	20 sous fixes.
32.	RECOURS au tribunal de cassation.	Le premier acte portant notification de ce recours, devra.................................. Ainsi que les expéditions des jugemens de cette cour. Art. 2 de la 8.ᵉ section de la 3.ᵉ classe du Tarif.	12 livres fixes. 12 livres fixes.
33.	REGISTRES de	Baptêmes..... Mariages..... Sépultures.... Et les livres des marchands, concernant leur commerce, lorsqu'ils ne contiendront point d'obligations.	Les extraits d'iceux font dispensés de l'enregistrement............ Art. XI du Décret.	Dispensés de l'enregistrement.

ART.	R	QUOTITÉ des droits & peines, fixés par les Décret & Tarif.
34.	RECOUVREMENT d'impôts directs ou indirects & même locaux, ou de peines pécuniaires.	*Voyez*, pour les droits à percevoir sur les exploits, *à la lettre* E, *art.* 32, 34 & 35; & pour ceux exigibles sur les jugemens, *voyez à la lettre* J, *art.* 5, 7 & 9.	
35.	RACHAT de rentes foncières.	Décret du 18 décembre 1790, additionnel à celui du 5 dudit mois, qui fixe à 15 fous le droit d'enregistrement des quittances de rachat des rentes foncières. .	15 fous fixes.
36.	RECONNOISSANCES de droits seigneuriaux & féodaux.	Décret du 28 mars 1790, fanctionné le 26 avril suivant, qui porte, *article VI*, qu'en attendant qu'il ait été ftatué sur les droits de contrôle, il ne fera perçu pour les actes ci-contre, de plus forts droits de contrôle, que ceux auxquels étoient foumis les déclarations à terrier, & autres actes abolis par l'article V du même Décret.	
37.	REGISTRES de la partie des domaines & contrôles, doivent être clos & arrêtés par un Officier public, au 31 janvier 1791.	Décret du 20 janvier 1791, qui porte, *art. I.er* que tous les préposés de la régie des domaines & contrôles, feront clorre & arrêter le 31 dudit mois leurs regiftres; favoir, dans les villes où font établis des tribunaux de Diftrict par l'un des officiers dudit fiége, & dans les autres villes ou communautés, par le Juge de paix du canton ou par un des Affeffeurs, ou à défaut, par les officiers municipaux; & néanmoins que *pour les actes antérieurs & authentiques, il ne fera perçu que le droit ancien.*	

S

ART.			QUOTITÉ des droits & peines, fixés par les Décret & Tarif.
1.	SUPPLÉMENT de droit fur un acte ou contrat.	La demande & action tendant à un fupplément de droit fur un acte ou contrat, fera prefcrite après le délai d'une année, à compter du jour de l'enregiftrement : les parties auront le même délai pour fe pourvoir en reftitution. Toute contravention pour omiffion ou infuffifance d'évaluation dans les déclarations des héritiers, légataires & donataires éventuels, fera pareillement prefcrite après le laps de trois années. Enfin toute demande de droits réfultant de fucceffions directes ou collatérales, pour raifon de biens-meubles ou immeubles, réels ou fictifs, échus en propriété ou en ufufruit, par teftament, dons éventuels ou autrement, fera prefcrite après le laps de cinq années, à compter du jour de l'ouverture des droits. *Art. XVIII du Décret.*	
2.	SUBROGATIONS ou REVENTES	de biens nationaux. *Voyez à la lettre* V, *art.* 2.	
3.	SOCIÉTÉS mobiliaires	d'objets défignés & fufceptibles d'évaluation...... *Art. 7 de la 2.ᵉ fection de 1.ʳᵉ claffe du Tarif.* d'objets non fufceptibles d'être évalués, ainfi que les actes qui en ftipulent la diffolution................ *Art. 2. de la 7.ᵉ fection de la 3.ᵉ claffe du Tarif.*	10 fous p. 100 l. 6 livres fixes.
4. & 5.	SENTENCES arbitrales,	Qui contiendront obligation de fommes déterminées, fans libéralité & fans que l'obligation foit le prix de la tranfmiffion d'aucuns objets mobiliers ou immobiliers... *Art. 1.ʳ de la 3.ᵉ fection de la 1.ʳᵉ claffe du Tarif.*	15 fous p. 100 l.

S

ART.				QUOTITÉ des droits & peines, fixés par les Décret & Tarif.
6.	SUCCESSION.	PROMESSE de garder SUCCESSION	Non en directe, doit . . . . *Art. 2 de la 2.ᵉ classe du Tarif.* En directe, n'est dû que le demi-droit *Art. 4 de la 2.ᵉ classe du Tarif.*	A raison de la cotte d'habitation dans la contribution personnelle des contractans. Demi-droit.
7.	SUCCESSION.	La renonciation ou abstention	à icelle, à raison d'un droit pour chaque succession . . . . *Art. 1.ᵉʳ de la 4.ᵉ section de la 3.ᵉ classe du Tarif.*	20 sous fixes.
8.	SÉPARATION de biens entre maris & femmes,		Par acte ou jugement, doit . . . . Sauf cependant à percevoir sur le montant des condamnations & liquidations, dans le cas où celles prononcées par les jugemens & actes donneroient ouverture à de plus grands droits. *Art. 1.ᵉʳ de la 8.ᵉ section de la 3.ᵉ classe du Tarif.* *(Voyez au surplus à la lettre J. art. 6.)*	12 liv. fixes.
9.	SOULTE ou retour,	Par échange	d'immeubles, doit , ... *Art. 5 de la 3.ᵉ section de la 1.ʳᵉ classe du Tarif.*	40 sous fixes.
		Par partage,	soit sur le mobilier . . . . soit sur des immeubles . . . . *Art. 2 de la 2.ᵉ section, art. 3 de la 4ᵉ section de la 1.ʳᵉ classe du Tarif.*	20 fous par 100 l.
10.	SUBSTITUTIONS par Actes entre-vifs ou à cause de mort.		A raison d'un droit seulement pour celles faites par une personne par le même acte. Si la substitution porte sur des objets indéterminés, le droit sera perçu sur le pied réglé par la 2.ᵉ classe du Tarif. . . . . Et si la substitution est de biens désignés susceptibles d'évaluation, qui donneront ouverture à un moindre droit, en le réglant sur le pied des valeurs, tel qu'il est fixé par la 4.ᵉ section de la 1.ʳᵉ classe, il sera alors liquidé sur ce pied. *Art. 3 de la 2.ᵉ classe du Tarif.* *Nota.* Lorsque les substitutions seront *en directe,* il ne sera perçu que le demi-droit . . . . *Art. 4 de la 2.ᵉ classe du Tarif.*	A raison de la cotte d'habitation dans la contribution personnelle des contractans. Demi-droit.

SOMMATION

ART.	S		QUOTITÉ des droits & peines, fixés par les Décret & Tarif.
11.	**SOMMATIONS** RESPECTUEUSES.	Quel que foit l'officier public qui en fera la notification, fera dû.................................. Excepté celles faites par huiffiers, qu ne devront que.. *Art. 1er de la 4.e fection de la 3.e claffe du Tarif.*	20 fous fixes. 15 fous fixes.
12.	**SOUMISSION** & EXÉCUTION	de jugement............................... *5.e fection de la 3.e claffe du Tarif.*	40 fous fixes.
13.	**SIMPLES** décharges, confentemens ou déclarations,	doivent.......................... *Art. 1er de la 4.e fection de la 3.e claffe du Tarif.*	20 fous fixes.
14.	**SIGNIFICATIONS** & DÉCLARATIONS d'appel	au tribunal de diftrict , des fentences rendues par les juges de paix........ *Art. 3 de la 6.e fection de la 3.e claffe du Tarif.* des fentences rendues par les tribunaux de diftricts..................... *Art. 3 de la 7.e fection de la 3.e claffe du Tarif.*	3 livres fixes. 6 livres fixes.
15.	**SIGNIFICATIONS** ou exploits quelconques, à la requête du miniftère public.	S'il n'y a point partie civile, il n'eft rien dû....... *Voyez à la lettre E, art. 33.*	Difpenfés de droits.
16.	**SIGNIFICATIONS** ou exploits quelconques à la requête de particuliers.	*Voyez à la lettre E , art. 31.................*	15 fous fixes , & 5 droits au plus.
17.	**SIGNIFICATIONS** ou exploits quelconques pour impôt , police & contraventions.	*Voyez à la lettre E, art. 32...............*	5 fous fixes, & 5 droits au plus.

,O

Art.			Quotité des droit & peines, fi par les Déce & Tarif.
		S	
18.	SIGNIFICATIONS de procès - verbaux de délits & contraventions aux réglemens généraux de police ou d'impo- sition.	A raison d'un droit pour chaque délinquant, est dû... Art. 1.er de la 2.e section de la 3.e classe du Tarif. (Voyez cependant à la lettre E, art. 34 & 35.)	5 sous fixes & 5 droits au pl
19.	SIGNIFICATIONS ou EXPLOITS;	faits entre les défenseurs des parties, est dû......... Art. 3 de la 1.re section de la 3.e classe du Tarif.	5 sous fixes,

T

Art.			QUOTITÉ des droits & peines, fixés par les Décret & Tarif.
1.	**TRIBUNAL** de cassation.	Le premier acte portant notification de recours au tribunal de cassation, doit......................	12 livres fixes.
		Les expéditions des jugemens de cette cour, doivent également .... *Art. 2 de la 8.ª section de la 3.ª classe du Tarif.*	12 livres fixes.
2.	**TRANSMISSION** ou **TRASLATION**	de propriété ou d'usufruit { d'immeubles réels ou fictifs, qu'elle s'opère par acte ou non. *Voyez aux lettres* { A, *art.* 4 & 14. D, *art.* 4, 6 & 9. M, *art.* 8.	
3.	**TESTAMENS** non enregistrés, & dont les testateurs seront décédés.	Doivent être présentés trois mois au plus tard après le décès des testateurs. *Art. VIII du Décret.*	
4.	**TESTAMENS** reçus par notaires, ou déposés dans leurs études, & les actes de dépôt.	Doivent être portés jour par jour, de même que les autres actes sur leurs répertoires, à peine de 50 liv. pour chaque omission. *Art. XIV du Décret.* (*Voyez au surplus à la lettre* N , *art.* 8.)	50 livres pour chaque omission.
5.	**TESTAMENS**,	Contenant dons ou legs de sommes déterminées & de valeurs mobiliaires, désignées & susceptibles d'estimation. SAVOIR: Doivent sur la valeur de chaque legs; { En directe, { *Art. 13 de la 1.ʳᵉ section de la 1.ʳᵉ classe du Tarif.* De maris & femmes, { *Art. 9 de la 4.ᵉ section de la 1.ʳᵉ classe du Tarif.* Et dans tout autre cas............ *Art. 2 de la 5.ᵉ section de la 1.ʳᵉ cl. du Tarif.* (*Voyez les deux articles ci-après, sur tout l'article 7 pour ce qui concerne les legs particuliers.*)	5ᶠ par 100 liv. 10ᶠ par 100 l. 3ᶠ par 100 l.
6.	**TESTAMENS** & actes de dernière volonté.	S'il y en a plusieurs faits par la même personne, les droits sur le pied de la contribution personnelle, lorsqu'il y aura lieu, ne seront perçus que sur l'un de ces actes, & le droit de chacun des autres ne sera que de 20 sous fixes, non en directe .... Et en ligne directe ne sera dû que............. *Art. 1.ᵉʳ & 4 de la 2.ᵉ classe du Tarif.*	20 sous fixes. Demi-droit.

O ij

Art.				QUOTITÉ des droits & peines, fixés par les Décrets & Tarif.
		T		
7.ᵉ	**TESTAMENS** & autres actes de dernière volonté,	Contenant {	Institution d'héritier, Legs universel de biens-meubles & immeubles, sans transmiffion ni acceptation, Substitutions & exhérédations,	A raifon d'un feul droit pour chaque teftateur ou inftituant, en quelque nombre que foient les légataires, par un même acte.	Sur le pied du 15.ᵉ du revenu, calculé fur la cotte d'habitation de la contribution perfonnelle des contractans.

Sans que le droit puiffe être moindre cependant, de trente fous, ci . . . . . . — 30 fous au moins.

Si ces difpofitions font faites en ligne directe, il ne fera dû que demi-droit. . . . . — Moitié du droit.

Nota. Seront réputés legs univerfels, ceux qui s'étendront fur la totalité des biens du teftateur, meubles ou immeubles, ou fur un genre de biens propres, acquets ou conquets.
Seront réputés legs particuliers & fujets aux droits, aux termes de la première claffe du Tarif, fur les déclarations eftimatives, ceux qui comprendront des objets mobiliers défignés par leur efpèce ou leur fituation, quand même la confiftance ou la quantité n'en feroient pas déterminées ; tels que legs de la totalité des livres, linges & habits, armes, uftenciles du teftateur, des meubles garniffant une chambre ou une maifon, & autres femblables.
Art. 1, 3, 4 & 6, de la 2.ᵉ claffe du Tarif.

8.	**TRAITÉS** de **MARIAGE,**	{ Paffés fous fignatures privées, qui feront préfentés à l'enregiftrement dans le délai de fix mois après leur date, dans les pays où ils font autorifés par les ufages, loix & coutumes ; & ceux qui feront paffés devant notaires après la célébration, à raifon des fommes, biens & objets qui feront énoncés comme appartenans aux conjoints, ou qui leurs feront conftitués en ligne directe, payeront.	15 fous par 100 l.

Art. 4 de la 3.ᵉ fection de la 1.ʳᵉ claffe du Tarif.
Et pour ce qui leur fera conftitué ou donné par des parens collatéraux ou étrangers, il fera dû à raifon de la valeur des objets donnés. . . . . — 20 fous par 100 l.
Art. 1.ʳ de la 2.ᵉ fection de la 1.ʳᵉ claffe du Tarif.
Mais s'il s'agit de difpofitions éventuelles, *voyez à la lettre* C, *art.* 11 *&* 12.

ART.		T	QUOTITÉ des droits & peines, fixés par les Décret & Tarif.
9.	TRAITÉS de mariage sous signatures privées.	Ne pourront recevoir la formalité de l'enregistrement, après les six mois du jour de leur date, qu'en payant deux fois la somme des droits. . . . . *Art. XI du Décret.* (*Voyez l'art. 8 ci-dessus & la lettre A, art. 15.*)	Deux fois la somme des droits.
10.	TRANSACTIONS entre COPROPRIÉTAIRES,	qui contiendront partage, licitation, cession & transport de biens-immeubles réels ou fictifs, à raison du prix de ce qui sera transporté aux cessionnaires. . . . . *Art. 3 de la 4.ᵉ section de la 1.ʳᵉ classe du Tarif.*	2 ſ par 100 liv.
11.	TITRES NOUVELS	payeront. . . . . Sans que néanmoins le droit puisse excéder ceux perçus sur les actes précédens auxquels ils auront rapport. *Art. 2 de la 4.ᵉ section de la 3.ᵉ classe du Tarif.*	20 sous fixes.
12.	TRANSACTIONS des bureaux de paix, & JUGEMENS des juges de paix,	qui contiendront transmission de biens-immeubles, réels ou fictifs, seront enregistrés sur les minutes dans le délai d'un mois, au bureau près de la justice du greffier. *Art. X du Décret.* (*Voyez au surplus à la lettre J, art. 3.*)	
13.	TRANSACTIONS en matière criminelle,	Pour excès, injures & mauvais traitemens, lorsqu'elles ne contiendront aucune stipulation de dommages-intérêts, ou de dépens liquidés, qui donneroient lieu à des droits portionnels plus considérables, sera dû. . . . . *Art. 1.ᵉʳ de la 6.ᵉ section de la 3.ᵉ classe du Tarif.* (*Voyez art. 16 ci-après.*)	3 livres fixes.
14.	TUTEURS & CURATEURS.	Leur nomination par acte ou jugement, doit. . . . . *5.ᵉ section de la 3.ᵉ classe du Tarif.*	40 sous fixes.

Art.					Quotité des droits & peines, fixées par les Décrets & Tarif.
			T		
15.	TESTAMENS & transactions	en faveur des	Hôpitaux.......... d'éducation... Écoles & d'instruction & autres établissemens publics de bienfaisance.	Il n'est dû par ces établissemens, que moitié des droits fixés par les diverses sections des trois classes du Tarif.	Moitié des droits ordinaires.

Voyez au surplus à la lettre H, art. 9.

16.	TRANSACTIONS en matière civile,	Qui contiendront obligation de sommes déterminées sans libéralité & sans que l'obligation soit le prix de la transmission d'aucuns objets mobiliers ou immobiliers, est dû......................................	15ᶠ par 100 l.

Art. 1.ᵉʳ de la 3.ᵉ section de la 1.ʳᵉ classe du Tarif.
(Voyez articles 10, 12 & 13 de l'autre part.)

17.	TRAITÉS & SOCIÉTÉS,	Composés de sommes déterminées, & d'objets mobiliers désignés, & susceptibles d'évaluation, est dû........	10ᶠ par 100 l.
		Art. 7 de la 2.ᵉ section de la 1.ʳᵉ classe du Tarif. Et pour ceux de ces actes qui ne sont pas susceptibles d'évaluation, est dû..........................	6 livres fixes.
		De même que pour les actes qui en opèrent la dissolution,......................................	6 livres fixes.

Art. 2 de la 7.ᵉ section de la 3.ᵉ classe du Tarif.

18.	TRIPLE DROIT	N'est exigible que sur les contre-lettres......... (*Voyez à la lettre C, art. 3.*)	Triple droit.

ART.				QUOTITÉ des droits & peines, fixés par les Décret & Tarif.
	V			
1.	**VISITES** DOMICILIAIRES, & vérifications & recherches générales	dans les dépôts des officiers publics.	Sont interdites aux préposés ; ils ne peuvent que demander l'exhibition des répertoires, & la communication feulement des actes pallés dans l'année antérieure, à compter du jour où cette communication fera demandée. À l'égard des actes plus anciens, les prépofés ne pourront en requérir la lecture, qu'en indiquant leurs dates & les noms des parties contractantes, & fur ordonnance de juge ; & s'ils en demandent des expéditions, elles leur feront délivrées, en payant 2 fous 6 den. par chaque extrait ou rôle d'expédition, outre les frais de papier timbré. *Art. XIV du Décret.*	
2.	**VENTES** ET ADJUDICATIONS, ainfi que les reventes, fubrogations, &c. & emprunts,	concernant l'aliénation des biens nationaux.	Toutes les acquifitions de domaines nationaux, faites par les municipalités, les ventes, reventes, adjudications & fubrogations qu'elles en feront, enfemble les actes d'emprunts de deniers pour parvenir auxdites acquifitions, avec affectation de privilége fur lefdits fonds, foit de la part des municipalités, foit de la part des particuliers, en faifant d'ailleurs la preuve de l'emploi réel & effectif des deniers en acquifition de fonds nationaux, ainfi que les quittances relatives au payement du prix des acquifitions, feront enregiftrés fans être affujettis à autres droits que celui de 15 fous ; & ce, pendant les quinze années accordées par le Décret du 14 mai 1790....... Toutes les acquifitions des mêmes domaines faites par des particuliers, les ventes & ceffions qu'ils en feront, & les actes d'emprunts faits pour les caufes & aux conditions portées ci-deffus, ne feront pareillement affujetties qu'au droit d'enregiftrement de 15 fous pendant les cinq années accordées par le Décret des 25, 26 & 29 juin 1790, ci............. *Titre des Exceptions porté à la fuite du tarif du 5 décembre 1790.*	15 fous fixes pendant 15 ans. 15 fous fixes pendant 5 ans.

ART.	V			QUOTITÉ des droits & peines, fixée par les Décrets & Tarif.
3.	**VENTES** & ADJUDICATIONS	Des coupes de bois nationaux, taillis ou futaies, à raison de ce qui en forme le prix.............. *Art. 5 de la 1.re sect. de la 1.re classe du Tarif.*		5 sous par 100 l.
4.	**VENTES,** cessions ou adjudications	De biens meubles, Coupes de bois autres que ceux nationaux, Et de tous autres objets mobiliers, } Taillis ou futaies, *Art. 2 de la 4.e sect. de la 1.re classe du Tarif.*	Soit que ces vèntes soient faites à l'enchère, par autorité de justice ou autrement, à raison de tout ce qui en formera le prix & les charges.....	20 sous par 100 l.
5 & 6.	**VENTE,** cession ou abandon	en directe, hors contrat de mariage, } De biens meubles ou immeubles,	Donnés, cédés ou abandonnés gratuitement, par acte entre vifs, en usufruit................ *Art. 5 de la 2.e sect. de la 1.re classe du Tarif.*	10 sous par 100 l.
			Vendus, cédés ou donnés en propriété...... *Art. 4 de la 4.e sect. de la 1.re classe du Tarif.*	20 sous par 100 l.
7.	**VENTE** ou CESSION	Non en directe,	D'usufruit d'immeubles réels ou fictifs; à raison du prix stipulé, est dû... *Art. 8 de la 4.e sect. de la 1.re classe du Tarif.* (*Voyez art. 9 ci-après.*)	40 sous par 100 l.
8.	**VENTE**	Non en directe,	De la propriété d'immeubles réels ou fictifs, à raison du prix & des charges.. S'il y a des meubles qui y soient compris, & qu'il n'y ait pas de prix ou estimation distinct, le droit sera perceptible sur le même pied que les immeubles; dans le cas contraire, le droit à raison du prix ou estimation du mobilier, sera de.................. *Art. 1.er & 2 de la 6.e sect. de la 1.re classe du Tarif.*	40 sous par 100 l. 20 sous par 100 l.

ART.				QUOTITÉ des droits & peines, fixés par les Décret & Tarif.

V

9.	**VENTES** D'IMMEUBLES, avec réserve d'ufufruit,	non en directe.	Le droit fera acquitté fur la valeur entière de l'objet vendu, fur le pied de..	40 fous par 100 l.
			Mais il ne fera dû aucun nouveau droit pour la réunion faite enfuite de l'ufufruit à la propriété. *Art. 2 de la 6.ᵉ fection de la 1.ʳᵉ claffe du Tarif.*	
			Cependant fi cette réunion s'opéroit par acte, il feroit dû pour cet acte un droit fimple de.............. *Art. 4 de la 4.ᵉ fection de la 3.ᵉ claffe du Tarif.*	20 fous fixes.
10.	**VENTES** & autres actes,	en faveur des	hôpitaux, écoles { d'inftruction & d'éducation, & autres établiffemens publics de bienfaifance. } Cesétabliffemens ne doivent que moitié des droits fixés par les trois claffes du Tarif. *Voyez à la lettre H, art. 9.*	Moitié des droits ordinaires.
11.	**USUFRUIT** D'IMMEUBES réels ou fictifs,	en directe,	échu par fucceffion, legs, ou donation éventuelle, doit.................... *Art. 12 de la 1.ʳᵉ fection de 1.ʳᵉ claffe du Tarif. Voyez à la lettre D, art. 19.*	2ᶠ 6ᵈ par 100 l.
			En tout autre cas. *Voyez à la lettre D, art. 21 & 22, & ci-après, art. 15.*	
12.	**USUFRUIT** D'IMMEUBLES réels ou fictifs, réuni à la propriété.		Cette réunion n'opère aucun droit, lorfque celui d'enregiftrement a été acquitté fur la valeur entière du titre de propriété. *Art. 12 de la 1.ʳᵉ fection de la 1.ʳᵉ claffe du Tarif.*	
			Cependant fi cette réunion s'opéroit par acte, il feroit dû pour cet acte un droit fimple de.............. *Art. 4 de la 4.ᵉ fection de la 3.ᵉ claffe du Tarif.*	20 fous fixes.
13.	**UNION** & DIRECTION		de créanciers. Le contrat ou acte qui renferme ces difpofitions, doit.......................... *Art. 1.ᵉʳ de la 7.ᵉ fection de la 3.ᵉ claffe du Tarif.*	6 liv. fixes.

P

ART.	V	QUOTI des droi & peines par les Déc & Tarif

| 14. | USUFRUIT de biens IMMOBILIERS, | recueilli par des épolux survivans, à titre de donation , droit de viduité ou de tous autres avantages usufruitiers, accordés , soit par les loix & coutumes, soit en vertu des claufes insérées dans leurs contrats de mariage, par dons mutuels ou par testamens. Le droit résultant de la déclaration qui en sera faite , sera payé sur la valeur entière des biens sujets à l'usufruit , à raison de . . . . . | 10 sous p. 100 |

Art. 6 , de la 2.ᵉ section de la 1.ʳᵉ classe du Tarif.

Mais si par la suite ils réunissent la propriété à l'usufruit , à quelque titre que ce soit , les droits ne seront payés que sur l'estimation ou le prix de la propriété , déduction faite de l'usufruit.

Art. 8 de la 4.ᵉ section de la 1.ʳᵉ classe du Tarif.

F I N.

LOI

Relative au Droit d'enregistrement des Actes civils & judiciaires, & des Titres de propriété.

Donnée à Paris, le 19 Décembre 1790.

LOUIS, par la grâce de Dieu, & par la Loi constitutionnelle de l'Etat, ROI DES FRANÇOIS : A tous présens & à venir ; SALUT. L'Assemblée Nationale a décrété, & Nous voulons & ordonnons ce qui suit.

DÉCRET DE L'ASSEMBLÉE NATIONALE, *du 5 Décembre 1790,*

Sur le Droit d'enregistrement des Actes civils & judiciaires, & des Titres de propriété.

SUIVI
Du Tarif des mêmes Droits.

ARTICLE PREMIER.

A COMPTER du 1.ᵉʳ février 1791, les droits de contrôle des actes & des exploits, insinuations ecclésiastiques &

A

2

laïques , centième denier des immeubles , ensaisinement, scel des jugemens , tous les droits de greffes, les droits réservés sur les procédures lors de la suppression des offices de Tiers-référendaires , Contrôleurs des dépens , Vérificateurs des défauts , Receveurs des épices & amendes, le sceau des actes des Notaires , le droit de sceau en Lorraine, celui de bourse commune des Huissiers de Bretagne, les quatre deniers pour livre du prix des ventes de meubles , les droits d'amortissemens, de nouvel acquêt & usages, seront abolis.

La formalité de l'insinuation sera donnée aux actes qui exigent la publicité, ainsi qu'il est prescrit par l'article XXIV du Décret de l'Assemblée Nationale, des 6 & 7 septembre 1790.

I I.

LES actes des Notaires & les exploits des Huissiers seront assujettis dans toute l'étendue du Royaume à un enregistrement , pour assurer leur existence & constater leur date.

Les actes judiciaires seront soumis à la même formalité, soit sur la minute , soit sur l'expédition , ainsi qu'il sera expliqué ci-après.

Les actes passés sous signatures privées y seront pareillement sujets dans les cas prévus par l'article XI.

Enfin le titre de toute propriété ou usufruit de biens-immeubles réels ou fictifs, sera de même enregistré.

A défaut d'actes en forme ou sous signature privée, contenant translation de nouvelle propriété , il sera fait

enregiftrement de la déclaration que les propriétaires &
les ufufruitiers feront tenus de fournir de la confiftance &
de la valeur de ces immeubles, foit qu'ils les ayent recueillis
par fucceffion ou autrement en vertu des loix & coutumes,
ou par l'écheance des conditions attachées aux difpofitions
éventuelles.

A raifon de cette formalité , il fera payé un droit
dont les proportions feront déterminées ci - après, fuivant
la nature des actes & les objets des déclarations.

I . I I.

LES actes & les titres de propriété ou d'ufufruit foumis
à la formalité, feront, pour la perception du droit d'enregiftrement, divifés en trois claffes.

La première comprendra les actes dont les objets ont
une valeur déterminée, & dont il réfulte immédiatement
tranfmiffion , attribution, obligation ou libération.

La feconde claffe, ceux dont les objets ne feront pas
évalués, foit parce que cette évaluation dépend des cir-
conftances éventuelles, foit parce qu'il n'y a pas lieu à
exiger l'évaluation. Cette claffe comprendra les contrats
de mariage, les teftamens, les dons mutuels, les difpofitions de biens à venir & de dernière volonté, même les
difpofitions éventuelles ftipulées par des actes entre-vifs,
dont les objets font indéterminés.

La troifième claffe comprendra tous les actes de formalité ou de précaution, les actes préparatoires, ceux qui
concernent l'introduction ou l'inftruction des inftances,
ceux qui ne contiennent que l'exécution, le complément

ou la confommation de conventions antérieures paffées en forme d'actes publics, dont les droits auront été payés fur le pied de la première claffe, les donations éventuelles d'objets déterminés, & généralement tous les actes non compris dans les deux claffes précédentes.

I V.

Il fera payé pour l'enregiftrement des actes & titres de propriété ou d'ufufruit de la première claffe, un droit proportionnel à la valeur des objets qui y feront défignés.

Cette perception fuivra chaque férie de cent livres, inclufivement & fans fraction.

La quotité en fera graduée par plufieurs fections, depuis cinq fous jufqu'à quatre livres pour cent livres, conformément au Tarif qui fera annexé au préfent Décret.

Le droit d'enregiftrement des actes de la feconde claffe, fera payé à raifon du quinzième du revenu des contractans ou teftateurs, & leur revenu fera évalué d'après leur cotte d'habitation dans la Contribution perfonnelle, fans que le droit puiffe être moindre de trente fous.

Mais dans le cas où un acte de la feconde claffe ne tranfmettroit que des propriétés immobiliaires, il fera fait déduction de la fomme payée pour l'enregiftrement de cet acte, fur celle que le propriétaire acquittera lors de la déclaration qu'il fera tenu de faire pour raifon de ces immeubles.

Le droit d'enregiftrement des actes de la troifième claffe, confiftera dans une fomme fixe pour chaque efpèce, depuis cinq fous jufqu'à douze livres, fuivant le degré d'utilité qui en réfulte , & conformément aux différentes fections de la troifième partie du Tarif.

V.

LE droit d'enregiftrement des actes de la première claffe fera perçu ; favoir :

Pour les ventes , ceffions ou autres tranfmiffions à titre onéreux fur le prix exprimé fans fraude, y compris le capital des redevances & de toutes les charges dont l'acquéreur eft tenu.

A l'égard des actes portant tranfmiffion de propriété ou d'ufufruit à titre gratuit , des partages de biens-meubles, échanges & autres titres qui ne comporteront pas de prix, le droit d'enregiftrement fera réglé pour les propriétés mobiliaires & les immeubles fictifs , d'après la déclaration eftimative des parties ; & pour les immeubles réels , d'après la déclaration que les parties feront pareillement tenues de faire de ce que ces immeubles payent de contribution foncière, & dans le rapport du principal au denier vingt-cinq du revenu defdits biens.

Faute de déclaration de prix , ou de l'eftimation de tous les objets défignés , le droit d'enregiftrement fera perçu fuivant les différentes fections de la première claffe aux-quelles les actes & contrats feront applicables, fur une éva-luation provifoire de 15,000 liv.

Les contractans auront pendant une année , à compter du jour de l'enregiftrement , la faculté de faire leur décla-ration de la vraie valeur des objets qu'ils auront omis d'eftimer ; le droit fera réduit dans la proportion de cette

évaluation, & l'excédant fera reftitué, fans que les contractans puiffent être difpenfés de faire l'eftimation des objets
défignés, dont la valeur pourroit donner lieu à un droit
qui furpafferoit la fixation provifoire ci-deffus établie.

V I.

DANS le cas où une déclaration ne comprendroit pas
tous les objets fur lefquels elle doit s'étendre, ou la véri-
table valeur, ou la quotité réelle de l'impofition territoriale fur tous les objets défignés, conformément à l'article
précédent, il fera payé deux fois la fomme du droit fur la
valeur des objets omis.

V I I.

L'ENREGISTREMENT prefcrit par le préfent Décret, fe
fera en rappelant fur le regiftre à ce deftiné, par extrait
& dans un même contexte, toutes les difpofitions que l'acte
contiendra. La fomme du droit fera réglée fuivant les
différentes claffes & fections du Tarif, auxquelles fe rapporteront les difpofitions qui ne dériveront pas néceffairement
les unes des autres.

V I I I.

TOUT acte de Notaire fera préfenté à l'enregiftrement
dans les dix jours qui fuivront celui de la date, lorfque le
Notaire réfidera dans le même lieu où le bureau fera
établi, & dans les vingt jours, lorfqu'il réfidera hors du
lieu de l'établiffement du bureau, à l'exception des teftamens qui feront préfentés trois mois au plus tard après le
décès des teftateurs.

Il fera fait mention de la formalité dans les expéditions, par tranfcription littérale de la quittance du Receveur. Si le Notaire délivre un acte, foit en brevet, foit par expédition, avant qu'il ait été enregiftré, il fera tenu de la reftitution des droits, ainfi qu'elle eft prefcrite par l'article fuivant ; il fera interdit s'il y a récidive ; & dans le cas de fauffe mention d'enregiftrement, il fera condamné aux peines prononcées pour le faux matériel.

Les exploits & actes des Huiffiers feront enregiftrés dans les quatre jours qui fuivront celui de leur date, foit au bureau de leur réfidence, foit au bureau du lieu où les actes auront été faits.

I X.

A défaut d'enregiftrement dans les délais fixés par l'article précédent, un acte paffé devant Notaire ne pourra valoir que comme un acte fous fignature privée. Le Notaire fera refponfable envers les parties, des dommages qui pourront réfulter de l'omiffion ; il fera contraint fur la demande du prépofé, à payer deux fois le montant des droits, dont l'une fera à fa charge, l'autre à celle des contractans.

Cependant l'acte ayant reçu la formalité omife, acquerra la fixité de la date & l'hypothèque, à compter du jour de l'enregiftrement ; & en cas de retard du Notaire à le faire enregiftrer fur la demande qui lui en aura été faite, les parties pourront elles-mêmes requérir cet enregiftrement, en acquittant une fois le droit, fauf leur recours contre le Notaire à qui elles l'auroient déjà payé, & fauf au prépofé à pourfuivre le Notaire pour le fecond droit réfultant de fa contravention.

A l'égard des actes d'Huissiers, ils seront nuls à défaut de la formalité; les Juges n'y auront aucun égard : les Huissiers seront responsables envers les parties, des suites de cette nullité ; ils seront en outre contraints à payer de leurs deniers une somme de dix livres pour chaque exploit qu'ils auroient omis de faire enregistrer; & soumis aux mêmes peines que les Notaires, en cas de fausse mention d'enregistrement.

X.

Les actes judiciaires, sentences arbitrales, transactions des bureaux de paix & jugemens des Juges de paix, seront enregistrés sur les minutes & dans le délai d'un mois, au bureau établi près la juridiction du Greffier, lorsqu'ils contiendront transmission de biens - immeubles réels ou fictifs.

Les Greffiers qui n'auroient pas reçu des parties les sommes nécessaires pour satisfaire aux droits d'enregistrement, ne seront point tenus d'en faire l'avance; mais ils ne pourront délivrer aucune expédition desdits actes, avant qu'ils ayent été enregistrés, sous peine d'être contraints à payer de leurs deniers deux fois le montant des droits.

Lorsque les Greffiers n'auront pas reçu des parties la somme des droits, ils seront tenus de remettre aux préposés, dans le délai du mois, un extrait certifié des actes mentionnés en la première section de cet article ; & sur cet extrait, après six mois du jour de la date de l'acte, les parties seront contraintes à payer pareillement deux fois le montant des droits.

Dans tous les autres cas, les seules expéditions des actes judiciaires

judiciaires feront foumifes à la formalité avant qu'elles puiffent être délivrées, fous la même peine du doublement des droits.

Lorfqu'un acte judiciaire aura été enregiftré fur la minute, il en fera fait mention fur les expéditions qui ne feront fujettes à aucuns nouveaux droits.

A l'égard des actes dont l'enregiftrement n'eft pas prefcrit fur la minute, chaque expédition recevra la formalité; mais fi l'acte eft applicable à la première claffe, le droit proportionnel ne fera perçu que fur la première expédition; & pour les autres, à raifon de ce qui eft fixé pour les actes de la quatrième fection de la troifième claffe.

Les actes enregiftrés dans le délai prefcrit, auront hypothèque du jour de leur date, & feulement du jour de l'enregiftrement, lorfqu'ils ne feront enregiftrés qu'après les délais.

X I.

LES actes fous fignatures privées, même les billets à ordre, en conféquence defquels il fera formé quelques demandes principales, incidentes ou en reconvention, feront enregiftrés au bureau du domicile du demandeur, ou à celui établi près la juridiction où il formera fa demande, avant d'être fignifiés ou produits en juftice : toute pourfuite & fignification faite au préjudice de cette difpofition fera nulle; les juges n'y auront aucun égard, & ne pourront rendre aucun jugement avant que ces actes ayent été enregiftrés.

Tout acte privé qui contiendra mutation d'immeubles

B

réels ou fictifs , sera sujet à la formalité dans les six mois
qui suivront le jour de sa date ; passé lequel délai , si un
acte de cette nature est produit en justice , ou énoncé dans
un acte authentique , il sera assujetti au payement du double
droit.

Les inventaires, à l'exception de ceux de commerce entre
associés , les traités de mariage & les actes portant transmission de propriété ou d'usufruit de biens-immeubles ,
lorsqu'ils seront passés sous signature privée, ne pourront
recevoir la formalité après le délai de six mois expiré, qu'en
payant pareillement deux fois la somme des droits.

Aucun Notaire ou Greffier ne pourra recevoir le dépôt
d'un acte privé , à l'exception des testamens, ni en délivrer extrait ou copie collationnée, ni passer aucun acte ou
contrat en conséquence , sans que l'acte sous signature privée
ou le testament ayent été préalablement enregistrés.

Les lettres de change tirées de place en place , & leurs
endossemens , les extraits des livres des marchands , concernant leur commerce, & les mémoires d'avances & frais
des Officiers de justice, lorsqu'ils ne contiendront point
d'obligation, les passeports délivrés par les Officiers publics ,
& les extraits des registres des naissances, mariages & sépul-
tures , sont exceptés de cet article.

X I I.

LES déclarations des héritiers, légataires & donataires
éventuels de biens-immeubles réels ou fictifs, prescrites
par la quatrième section de l'article II du présent Décret,
feront faites au plus tard dans les six mois qui suivront le

jour de l'événement de la mutation par décès ou autrement ; & ce délai paffé, les contribuables feront contraints à payer les droits, plus la moitié de la fomme en quoi ils confiftent.

Ces déclarations feront enregiftrées ; favoir, pour les immeubles réels, au bureau dans l'arrondiffement duquel les biens feront fitués ; & pour les immeubles fictifs, au bureau établi près le domicile du dernier poffeffeur.

X I I I.

TOUS les procès-verbaux, délibérations & autres actes faits & ordonnés par les Corps municipaux & adminiftratifs, qui feront paffés à leurs greffes & fecrétariats, & qui tendront directement & immédiatement à l'exercice de l'adminiftration intérieure & police, feront exempts de la formalité & des droits d'enregiftrement.

A l'égard de tous les actes ci-devant affujettis aux droits de contrôle, & qui pourront être paffés par lefdits Corps municipaux & adminiftratifs, notamment les marchés & adjudications d'entreprifes, & les baux de biens communaux & nationaux, ils feront fujets aux droits d'enregiftrement dans le délai d'un mois.

X I V.

LES Notaires feront tenus, à peine d'une fomme de cinquante livres pour chaque omiffion, d'infcrire jour par jour fur leurs répertoires, les actes & contrats qu'ils recevront, même ceux qui feront délivrés en brevet.

Les teftamens ou actes de dépôt, lorfqu'ils feront faits

devant Notaires, & les actes de dépôt des teftamens faits
fous fignature privée, feront auffi infcrits fur les répertoires,
fans autre indication que celle de la date de l'acte & du
nom du teftateur, & fans que le prépofé puiffe prendre
communication de ces actes, ni aucunes notes qui y foient
relatives, avant le décès des teftateurs.

Les Greffiers tiendront, fous les mêmes obligations,
des répertoires de tous les actes volontaires, dans les lieux
où ils font dans l'ufage d'en recevoir, & de ceux dont
il réfultera tranfmiffion de propriété ou de jouiffance de
biens-immeubles.

Les Huiffiers tiendront pareillement des répertoires de
tous les actes & exploits, fous peine d'une fomme de
dix livres pour chaque omiffion.

Au moyen de ces difpofitions, les prépofés ne pourront faire aucune vifite domiciliaire ou recherche générale
dans les dépôts des Officiers publics, qui ne feront tenus
que de leur exhiber leurs répertoires à toute réquifition,
& de leur communiquer feulement les actes paffés dans
l'année antérieure, à compter du jour où cette communication fera demandée.

A l'égard des actes plus anciens, les prépofés ne
pourront en requérir la lecture, qu'en indiquant leur
date & les noms des parties contractantes, & fur ordonnance de Juge ; & s'ils en demandent des expéditions,
elles leur feront délivrées en payant deux fous fix deniers
pour chaque extrait ou rôle d'expédition, outre les frais
du papier timbré.

X V.

IL fera établi des bureaux pour l'enregiftrement des actes & déclarations, & pour la perception des droits qui en réfulteront, dans toutes les villes où il y a chef-lieu d'adminiftration ou tribunal de Diftrict, & en outre dans les cantons où ils feront jugés néceffaires fur l'avis des Diftricts & Départemens, fans que l'arrondiffement d'aucun de ces bureaux puiffe s'étendre fur aucune paroiffe qui ne feroit pas du même Diftrict.

Aucun Notaire, Procureur, Greffier ou Huiffier ne pourra à l'avenir être pourvu de ces emplois.

Aucun Juge ni Commiffaire du Roi ne pourra être prépofé à l'exercice des mêmes droits.

Les Receveurs & autres employés feront tenus de prêter ferment au tribunal du Diftrict dans le reffort duquel le bureau fera placé. Cette preftation aura lieu fans autres frais que ceux du timbre de l'expédition qui en fera délivrée.

X V I.

LES Notaires, les Greffiers, les Huiffiers & les parties feront tenus de payer les droits dans tous les cas, ainfi qu'ils font réglés par le préfent Décret & le Tarif annexé. Ils ne pourront en atténuer ni différer le payement, fous le prétexte de conteftation fur la quotité, ni pour quelque caufe que ce foit, fauf à fe pourvoir en reftitution, s'il y a lieu, par-devant les Juges compétens.

X V I I.

LES prépofés ne pourront fous aucun prétexte, pas

même en cas de contravention, différer l'enregistrement
des actes dont les droits leur auront été payés conformément
à l'article précédent : ils ne pourront suspendre ou arrêter
le cours des procédures en retenant aucuns actes ou exploits ;
mais si un acte dont il n'y a pas de minute, ou un exploit
contenoit des renseignemens dont la trace pût être utile,
le préposé auroit la faculté d'en tirer une copie, & de la
faire certifier conforme à l'original par l'Officier qui l'auroit
présenté ; & sur le refus de l'Officier, il s'en procurera la
collation en forme à ses frais, sauf répétition en cas de
droit, le tout dans les vingt-quatre heures de la présentation de l'acte au bureau.

X V I I I.

TOUTE demande & action tendant à un supplément
de droits sur un acte ou contrat, sera prescrite après le
délai d'une année, à compter du jour de l'enregistrement ;
les parties auront le même délai pour se pourvoir en
restitution.

Toute contravention par omission ou insuffisance d'évaluation dans les déclarations des héritiers, légataires &
donataires éventuels, sera pareillement prescrite après le
laps de trois années.

Enfin toute demande de droits résultant des successions
directes ou collatérales, pour raison de biens-meubles ou
immeubles réels ou fictifs, échus en propriété ou en usufruit
par testamens, dons éventuels ou autrement, sera prescrite
après le laps de cinq années, à compter du jour de
l'ouverture des droits.

X I X.

Les prépofés à la perception des droits fur les actes, feront comme par le paffé la recette des amendes d'appel, ainfi que de celles qui ont lieu ou qui pourroient être réglées dans les cas de caffation, déclinatoire, réintégrande, évocation, infcription de faux, tierce oppofition, récufation de Juges & requête civile. Ils feront également chargés du recouvrement des amendes, aumônes, & de toutes autres peines pécuniaires prononcées par forme de condamnation pour crimes & délits, faits de police, contraventions aux règlemens des manufactures & autres, à la charge de rendre aux parties intéreffées la part les concernant, fans aucuns frais.

X X.

Les Collecteurs des contributions directes, perfonnelles ou foncières, & tous dépofitaires des rôles defdites contributions, feront tenus de donner communication de ces rôles aux prépofés à la perception des droits d'enregiftrement, même de leur en laiffer prendre extraits à toute réquifition, fur papier libre, & de les certifier fans frais.

X X I.

La perception des droits d'enregiftrement, réglés par le préfent Décret & par le Tarif annexé, n'aura aucun effet rétroactif.

X X I I.

Tous les actes publics dans les pays ci-devant affujettis

aux droits de contrôle, infinuation & acceffoires, qui, à l'époque de l'exécution de ce Décret, n'auront pas fubi toutes leurs formalités, ne pourront être affujettis à plus grands droits que ceux fixés par les anciens tarifs, pourvu qu'ils foient préfentés à l'enregiftrement dans les délais qui étoient prefcrits. Mais les actes & déclarations dont la perception feroit plus avantageufe aux parties contrac- tantes, fur le pied fixé par le préfent Décret, jouiront du bénéfice de fes difpofitions, à compter du jour qu'il fera exécuté.

XXIII.

LES actes fous fignatures privées de date antérieure à l'époque fixée pour l'exécution du préfent Décret, ne feront affujettis au droit d'enregiftrement qu'autant qu'ils l'étoient à ceux d'infinuation & centième denier, ou dans les cas où il fera formé quelque demande en juftice, ou paffé quel- qu'acte authentique en conféquence, & feulement au fimple droit.

XXIV.

ENFIN, à l'égard des actes en forme authentique, paffés avant l'époque de l'exécution du préfent Décret, dans les pays du royaume qui n'étoient point foumis au contrôle, ils auront leur exécution fans être affujettis à la formalité de l'enregiftrement; & quant aux actes fous feings privés, paffés dans les mêmes pays avant cette époque, ils feront enregiftrés lorfqu'il fera formé quelque demande ou paffé quelqu'acte public en conféquence, fans qu'on puiffe exiger de double droit.

XXV.

X X V.

L'INTRODUCTION & l'inftruction des inftances relatives
à la perception des droits d'enregiftrement, auront lieu par
fimples requêtes ou mémoires, refpectivement communiqués
fans aucuns frais, autres que ceux du papier timbré & des
fignifications des jugemens interlocutoires & définitifs, &
fans qu'il foit néceffaire d'y employer le miniftère d'aucuns
Avocats ou Procureurs dont les écritures n'entreront point
en taxe.

A l'égard des inftances ci-devant engagées relativement
à la perception des droits du contrôle des actes & autres
droits y joints, elles feront éteintes & comme non-avenues,
à compter du jour de l'exécution du préfent Décret; mais
les parties pourront fe pourvoir de nouveau, tant à charge
qu'à décharge, fous les formes & dans les délais prefcrits
par les articles précédens.

X X V I & dernier.

LE préfent Décret fera porté à l'acceptation du Roi;
& pour en affurer la prompte exécution, il fera prié de
nommer huit Commiffaires.

C

TARIF

Des droits d'enregistrement qui seront perçus sur les Actes civils & judiciaires, & sur les Titres de propriété.

PREMIERE CLASSE

PREMIERE SECTION.

Actes sujets au droit de Cinq sous par cent livres.

1.° LES cautionnemens faits & reçus en justice pour des sommes déterminées dans quelques Tribunaux que ce soit.

2.° Les cautionnemens des Trésoriers, Receveurs & Commis, pour sûreté des deniers qui leur sont confiés.

3.° Les billets à ordre, les baux de nourriture des enfans mineurs, à raison du prix d'une année, les quittances, les actes de remboursement de rente, & tous autres actes de libération qui expriment des valeurs, & les retraits de réméré qui sont exercés dans le délai stipulé, lorsqu'ils n'excèdent pas le terme de douze années, à compter du jour de la date du contrat d'aliénation.

4.° Les marchés & adjudications pour constructions, réparations, entretien, approvisionnemens & fournitures dont le prix doit être payé des deniers du Trésor public, ou par les Départemens, Districts & Municipalités.

5.° Les ventes & adjudications des coupes de bois

nationaux, taillis ou futaies, à raifon de ce qui en forme
le prix.

6.° Les atermoiemens entre un débiteur & fes créanciers, lorfqu'ils lui feront la remife d'une partie aliquote
du principal de leurs créances, à raifon du montant des
fommes que le débiteur s'oblige de payer.

7.° Les obligations à la groffe aventure & pour retour
de voyages.

8.° Les contrats d'affurance, à raifon de la valeur de
la prime, & les abandonnemens faits en conféquence fur
le pied de la valeur des objets abandonnés ; mais en temps
de guerre, les droits feront réduits à moitié.

9.° Les reconnoiffances & les baux à chetel de bef-
tiaux, d'après l'évaluation qui fe trouvera dans l'acte, ou
défaut, d'après l'eftimation qui fera faite du prix desbeftiaux.

10.° Les baux de pâturages non excédant douze années,
à raifon du prix d'une année de location.

11.° Les expéditions des jugemens de tribunaux de
commerce & de Diftrict, dont il réfultera condamnation,
liquidation, collocation, obligation, attribution ou tranfmiffion de fommes déterminées & valeurs mobiliaires, tant
en principaux qu'intérêts & dépens liquidés, fans que dans
aucun cas le droit puiffe être moindre de vingt fous.

A l'égard des jugemens de condamnation & autres
rendus par les tribunaux de Diftricts, en matière d'impofition, le droit d'enregiftrement auquel il feront affujetis,
ne pourra dans aucun cas excéder dix fous.

12.° Les déclarations que les héritiers, donataires
éventuels & légataires en ligne directe feront tenus de

fournir de la valeur entière des biens-immeubles réels ou
fictifs qui leur feront échus en propriété; il ne fera payé
que la moitié defdits droits pour les déclarations d'ufufruit
des mêmes biens, & il ne fera rien dû pour la réunion
de l'ufufruit à la propriété, lorfque le droit d'enregiftrement aura été acquitté fur la valeur entière du titre de
propriété.

13.° Les legs de fommes & d'effets mobiliers en ligne
directe.

SECONDE SECTION.

Actes fujets au droit de Dix fous par cent livres.

1.° LES contrats de mariage qui feront paffés devant
Notaires, & avant la célébration, quelques conventions que
ces actes puiffent contenir entre les futurs époux & leurs
pères & mères, à raifon de toutes les fommes, biens &
objets qui y feront défignés comme appartenant aux conjoints, ou leur étant donnés, cédés ou conftitués en ligne
directe. A l'égard des ceffions & donations qui leur feront
faites par des parens collatéraux, ou par des étrangers, les
droits en feront perçus fur le pied de la quatrième fection
ci-après, fi les objets en font préfens & défignés; & fuivant
la feconde claffe, s'il s'agit de biens à venir.

Le droit d'enregiftrement de ces contrats ne pourra
être moindre au total de trente fous, & dans tous les cas,
il pourra être réglé fur le pied, foit de la première, foit
de la feconde claffe.

2.° Les inventaires & les partages entre copropriétaires, qui
feront paffés devant Notaires ou au greffe, à raifon des

objets mobiliers inventoriés, & de tous les biens-meubles partagés; mais lorfqu'un partage aura été précédé d'un inventaire en forme authentique, il fera fait déduction des droits, jufqu'à concurrence des fommes payées lors de l'inventaire, pour raifon des objets inventoriés qui entreront dans la maffe du partage; & s'il y a foulte au partage, le droit fera perçu fur cette foulte fur le pied de la quatrième fection ci-après.

3.° Les cautionnemens & indemnités de fommes & valeurs déterminées, non compris dans la fection précédente.

4.° Les atermoiemens entre un débiteur & fes créanciers, fans remife fur les capitaux.

5.° Les donations, ceffions & tranfmiffions à titre gratuit d'ufufruit de biens-meubles ou immeubles, qui auront lieu par des actes entre-vifs en ligne directe, autrement que par contrats & en faveur de mariage, à raifon de la valeur entière des biens fujets à l'ufufruit; à l'égard des ventes & ceffions faites également en ligne directe & à titre onéreux des mêmes ufufruits, les droits en feront payés fur le pied du prix ftipulé, fuivant la quatrième fection ci-après.

6.° Les déclarations que feront tenus de faire les époux furvivans, des biens-immeubles dont ils recueilleront l'ufufruit à titre de donation, droit de viduité, ou tous autres avantages ufufruitiers accordés, foit par les loix & coutumes, foit en vertu des claufes inférées dans leurs contrats de mariage, par don mutuel ou par teftament; & le droit réfultant de ces déclarations, fera payé fur la valeur entière des biens fujets à l'ufufruit.

7.° Les sociétés, marchés & traités autres que ceux dénommés dans la section précédente, composés de sommes déterminées & d'objets mobiliers désignés, & susceptibles d'évaluation.

TROISIEME SECTION.

Actes sujets au droit de Quinze sous par cent livres.

1.° Les contrats, transactions, sentences arbitrales, promesses de payer, arrêtés de comptes & autres actes qui contiendront obligation de sommes déterminées sans libéralité, & sans que l'obligation soit le prix de la transmission d'aucuns effets meubles ou immeubles.

2.° Les baux à ferme ou à loyer d'une seule année, à raison de ce qui en forme le prix.

3.° Les donations mutuelles & conventions réciproques de libéralités d'objets mobiliers déterminés, à l'exception de celles entre maris & femmes, en raison de toutes les sommes, & de la valeur des biens qui y seront compris; & lors de l'événement, il ne sera dû aucuns droits.

A l'égard des donations mutuelles & des dons éventuels qui ne comprendront que des biens-immeubles déterminés, les droits en seront payés sur le pied de la quatrième section des actes simples, sans préjudice des déclarations qui seront à fournir pour le payement des droits proportionnels, lorsque ces donations auront leur effet.

4.° Les traités de mariage passés sous signatures privées, qui seront présentés à l'enregistrement dans le délai de six mois après leur date, & ceux qui seront passés devant

Notaires, après la célébration, dans les pays où ils font autorifés par les ufages, loix & coutumes, à raifon des fommes, biens & objets qui feront énoncés comme appartenant aux conjoints, ou qui leur feront conftitués en ligne directe, fans préjudice des droits exprimés dans la fection précédente, fur les ceffions & donations qui leur feroient faites autrement qu'en ligne directe.

QUATRIEME SECTION.

Actes fujets au droit de Vingt fous par cent livres.

1.° Les reconftitutions de rentes dues par l'État, qui feront faites au profit des acquéreurs de ces rentes par ceffion ou tranfport, & toutes autres conftitutions de rentes perpétuelles ou viagères.

2.° Les actes & procès-verbaux contenant vente, ceffion & adjudication de biens-meubles, coupes de bois taillis & futaies, autres que celles mentionnées en la première fection, & de tous autres objets mobiliers, foit que ces ventes foient faites à l'enchère, par autorité de juftice ou autrement, à raifon de tout ce qui en forme le prix.

3.° Les actes, contrats & tranfactions paffés par-devant les Officiers publics, qui contiendront entre copropriétaires, partage, licitation, ceffion & tranfports de biens-immeubles réels ou fictifs, à raifon du prix de ce qui fera tranfporté aux ceffionnaires.

4.° Les ventes, ceffions, donations, démiffions & tranfmiffions de propriété de biens-immeubles réels ou fictifs, & les donations de fommes & objets mobiliers qui

auront lieu par des actes entre-vifs en ligne directe, autrement que par contrats de mariage.

5.° Les échanges de biens immeubles entre quelques
perfonnes que ce foit, à raifon de la valeur d'une des
parts lorfqu'il n'y aura aucun retour ; & toutes les fois
qu'il y aura retour ou plus-value, le droit fera réglé
à vingt fous par cent livres fur la moindre portion ,
& comme en vente fur le retour ou plus-value.

6.° Les engagemens conventionnels ou judiciaires, &
contrats pignoratifs ftipulés jufqu'à douze années incluſi-
vement, en proportion du montant des créances.

7.° Les contrats & jugemens portant délaiffement,
déguerpiffement, renvoi & rentrée en poffeffion de biens
immobiliers, faute de payement de la rente ou d'exécution
des claufes du premier contrat, ou en vertu des retraits
conventionnels ; mais dans le cas où le contrat antérieur
auroit été jugé radicalement nul, comme dans celui où
il n'auroit pas été exécuté, foit par l'entrée effective de
l'acquéreur en jouiffance, foit par le payement du tout
ou partie du prix, les droits ne feront payés que fur le
pied de la quatrième fection des actes de la troifième
claffe.

8.° Les déclarations que feront tenus de fournir dans
les délais preſcrits par l'article XII du Décret, les frères
& fœurs, oncles & neveux, héritiers, légataires ou donataires éventuels, des biens-immeubles réels ou fictifs qui
leur feront échus en ufufruit, dont les droits feront payés
à raifon de la valeur entière de ces biens ; & fi par la
fuite ils réuniffent la propriété à l'ufufruit, à quelque titre

que

que ce foit, les droits ne feront payés que fur l'eftimation ou le prix de la propriété, déduction faite de l'ufufruit.

A l'égard des ventes & ceffions à titre onéreux des mêmes ufufruits & des baux à vie, les droits en feront payés, favoir, pour les ventes & ceffions, à raifon du prix ftipulé ; & pour les baux à vie, à raifon du capital au denier dix de la redevance, & fuivant la fixième feĉtion ci-après.

9.° Les déclarations que feront tenus de fournir les furvivans des époux, de tous les biens immobiliers qui leur feront tranfmis en propriété par donation & libéralité, à titre de reprife, de rétention ou autrement, & des capitaux de rentes, penfions, fommes & objets mobiliers qui leur feront échus à titre gratuit, en vertu de leurs contrats de mariage, teftamens ou autres difpofitions, fauf à deduire fur les droits ce qui aura été payé par le furvivant pour l'enregiftrement du teftament ou du don mutuel.

CINQUIEME SECTION.

Actes fujets au droit de Trente fous par cent livres.

1.° Les actes foit entre-vifs ou à caufe de mort, contenant dons ou legs de fommes déterminées & de valeurs mobiliaires défignées & fufceptibles d'eftimation, fauf à faire diftraction des fommes & objets compris dans les legs & difpofitions auxquels il aura été fait renonciation à temps utile & par acte en forme.

2.° Les déclarations que feront tenus de faire les donataires & légataires éventuels des fommes ou autres objets mobiliers qu'ils auront recueillis par le décès des

D

donateurs ou par l'événement des autres conditions prévues, en vertu d'actes & contrats dont le droit d'enregiftrement n'aura été payé que fur le pied des actes fimples,
conformément à l'article III du Décret.

Sont exceptés les donations mutuelles, les dons &
gains de furvie entre màris & femmes, & les difpofitions
en ligne directe, dont les droits font réglés par les précédentes fections.

3.º Les déclarations que feront tenus de fournir les
héritiers, légataires & donataires éventuels, parens au
troifième & quatrième degré, des biens-immeubles réels
ou fictifs qui leur feront échus en ufufruit, conformément
au huitième §. de la fection précédente.

4.º Les baux à ferme ou à loyer au-deffus d'une année
jufqu'à douze inclufivement; & les fous-baux, les fubrogations, ceffions & rétroceffions defdits baux, à raifon du
prix d'une année de location.

5.º Les baux de pâturages excédant douze années
jufqu'à trente inclufivement.

SIXIEME SECTION.

Actes fujets au droit de Quarante fous par cent livres.

1.º Les ventes, adjudications, ceffions, rétroceffions,
les licitations portant adjudications à d'autres que les
copropriétaires de biens-immeubles réels ou fictifs, les
déclarations de command, d'ami, ou autres de même nature,
faites après les fix mois du jour des acquifitions, les engagemens & contrats pignoratifs au-deffus de douze années,
les baux à rente & ceux au-deffus de trente ans, ou à
vie fur plus d'une tête.

27

2.° Les donations entre-vifs & les mutations de biens-immeubles opérées par fucceffion , teftament ou don éventuel entre frères & fœurs, oncles & neveux.

Lorfque le vendeur ou donateur fe réfervera l'ufufruit, le droit fera acquitté fur la valeur entière de l'immeuble, mais il ne fera dû aucun nouveau droit pour la réunion de l'ufufruit à la propriété.

Dans le cas où la vente comprendroit des biens-meubles & immeubles, le droit fera perçu fur le tout, ainfi qu'il eft réglé par la préfente feétion, s'il n'eft ftipulé pour les meubles un prix particulier.

3.° Les déclarations que feront tenus de fournir les parens au-delà du quatrième degré & les étrangers, des biens-immeubles réels ou fiétifs qui leur feront échus en ufufruit.

SEPTIEME SECTION.

Aétes fujets au droit de Trois livres par cent livres.

1.° Les donations entre-vifs & les mutations de pro-priété de biens-immeubles, opérées par fucceffion, teftament & don mutuel entre parens au troifième & quatrième degré.

2.° Les baux à ferme ou à loyer au-deffus de douze années jufqu'à trente inclufivement.

Les mêmes droits feront payés pour les fous - baux, fubrogations, ceffions & rétroceffions defdits baux , s'ils doivent durer encore plus de douze années.

A l'égard des contre-lettres qui feront paffées, foit fur

D ij

des baux, foit fur d'autres actes & contrats, les droits en
féront perçus à raifon des effets qui en réfulteront ; favoir,
fur le pied de la quatrième fection des actes fimples,
lorfqu'il s'agira feulement de réduire ou de modifier les
conventions ftipulées par des actes antérieurs qui auront
été enregiftrés.

Et à raifon du triple des droits fixés par le préfent
Tarif, fur toutes les fommes & valeurs que la contre-lettre
ajoutera aux conventions antérieurement arrêtées par des
actes en forme.

Pour tous les actes de la première claffe, dont les
fommes & valeurs n'excéderont pas cinquante livres, il ne
fera perçu que la moitié du droit fixé pour cent livres
dans chaque divifion.

HUITIEME SECTION.

Actes fujets au droit de Quatre livres par cent livres.

LES donations entre-vifs & les mutations de propriété
de biens-immeubles, opérées par fucceffion, teftament &
don éventuel entre parens au-delà du quatrième degré,
& entre étrangers.

SECONDE CLASSE.

Actes dont le droit eft réglé en raifon du revenu préfumé
& évalué d'après la cotte d'habitation dans la Contri-
bution perfonnelle des contractans.

1.° LES teftamens & actes de dernière volonté, lorfqu'ils contiendront inftitution d'héritier, legs univerfel de

biens-meubles ou immeubles, fans tranfmiffion ni acceptation, à raifon d'un feul droit pour chaque teflateur ou
inflituant, en quelque nombre que foient les héritiers ou
légataires.

Dans le cas où le teflateur auroit fait plufieurs teflamens
ou codiciles, les droits de feconde claffe ne feront perçus
que fur l'un de ces actes; ils feront réglés pour les autres
en raifon de la quatrième fection des actes de la troifième
claffe.

Seront réputés legs univerfels, ceux qui s'étendront fur
la totalité des biens du teflateur, meubles ou immeubles,
ou fur un genre de biens propres, acquêts ou conquêts.

Seront réputés legs particuliers & fujets aux droits des
actes de la première claffe, fur les déclarations eftimatives,
ceux qui comprendront des objets mobiliers défignés par
leur efpèce où leur fituation, quand même la confiftance
ou la quantité n'en feroit pas déterminée, tels que les
legs de la totalité des livres, linges & habits, armes,
uftenfiles du teflateur, des meubles garniffant une chambre
ou une maifon, & autres femblables.

2.° Les donations éventuelles d'objets indéterminés, les
rappels à fucceffion, promeffes de garder fucceffion, les
inflitutions contractuelles & autres difpofitions de biens à
venir, contenues dans les actes entre-vifs.

3.° Les fubftitutions & les exhérédations, tant qu'elles
fubfifteront, foit qu'elles foient faites par acte entre-vifs
ou à caufe de mort.

Il ne fera perçu qu'un droit pour celles faites par une
perfonne dans le même acte ; & fi la fubftitution eft de
biens défignés fufceptibles d'évaluation, qui donneront

oùverture à un moindre droit en le réglant fur le pied
des valeurs, telle qu'elle eft fixée par la quatrième fection
de la première claffe, il fera dans ce cas perçu fur ce pied.

4.° Tous les actes compris dans les précédentes difpofitions de la feconde claffe, ne feront affujettis qu'au demi-
droit, toutes les fois qu'ils feront faits en ligne directe.

5.° Les contrats de mariage dont le droit n'aura pas
été réglé fur le montant des conftitutions dotales, conformément à l'option réfervée par la feconde fection des
actes de la première claffe.

6.° Les dons mutuels entre maris & femmes.

Dans tous les cas ci-deffus exprimés, il fera fait déclaration du montant de la cotte d'habitation dans la contribution perfonnelle des contractans, ou des perfonnes dont
l'impofition devra fervir à fixer les droits, d'après les rôles
qui auront immédiatement précédé la date des actes entre-
vifs, & la préfentation au bureau des actes de dernière
volonté, à l'effet d'établir la perception, conformément
au préfent Tarif : faute de cette déclaration, il fera perçu
provifoirement une fomme de cent livres ; mais les parties
auront alors la faculté de juftifier de la fomme de ladite
contribution pendant une année, à compter du jour de
l'enregiftrement. Les droits feront réduits en conféquence,
& l'excédant fera reftitué, fans que l'on puiffe être difpenfé
de payer le fupplément qui feroit demandé par le prépofé,
en vertu defdits rôles, dans le cas où il en réfulteroit un
droit qui furpafferoit la perception provifoire ci-deffus
établie.

Les contrats de mariage dont le droit fera perçu fur
les revenus préfumés des contractans, d'après la cotte

d'habitation ; feront de plus affujettis au payement des droits fur les difpofitions faites en faveur des conjoints par des collatéraux ou des étrangers.

La perception du droit fur les revenus préfumés, ne fera affife que fur ceux du futur feulement ; & dans le cas où il ne feroit pas impofé perfonnellement, l'affiette du droit fe fera à raifon du revenu préfumé du père, pour la moitié feulement, fi le futur eft feul héritier ; & dans le cas où le futur auroit des frères & fœurs, pour une portion de cette moitié relative au nombre d'enfans exiftans lors du contrat de mariage.

La même règle aura lieu pour les autres actes fujets au droit de la feconde claffe, lorfqu'ils feront paffés par des enfans de famille qui ne feront pas impofés perfonnellement.

Les actes de cette feconde claffe, qui feront paffés par des perfonnes non impofées à la contribution perfonnelle, à caufe de la modicité de leurs facultés, ne feront fujets qu'au droit de trente fous.

Enfin, les étrangers payeront les mêmes droits ; & dans les cas où ils n'auroient pas été impofés à la contribution perfonnelle, le droit fera réglé fur la déclaration qu'ils feront tenus de faire de leurs revenus.

TROISIEME CLASSE.

PREMIERE SECTION.

Actes fujets au droit fixe de Cinq fous.

1.° LES lettres de voiture paffées devant les Officiers

publics, à raifon d'un droit pour chaque perfonne à qui les envois feront adreffés.

2°. Les engagemens de Matelots, gens de mer & d'équipage, & les quittances de leurs falaires, qu'ils donneront aux Armateurs à leur retour de voyages, à raifon d'un droit pour chaque engagement ou quittance, & fans égard aux fommes qui feront défignées dans ces actes.

3.° Chaque exploit ou fignification fait entre les défenfeurs des parties, ou qui aura pour objet le recouvrement des contributions directes ou indirectes, même des contributions locales, & toutes les contraventions aux règlemens généraux de police ou d'impôt, tant en action qu'en défenfe, fuivant les principes qui feront expofés ci-après à la troifième fection, relativement aux droits d'enregiftrement des exploits.

SECONDE SECTION.

Actes fujets au droit fixe de Dix fous.

1. Les procès-verbaux de délits & contraventions aux règlemens généraux de police ou d'impofition, lefquels feront enregiftrés, à peine de nullité, dans les quatre jours qui fuivront celui de leur date, & avant qu'aucun Huiffier puiffe en faire la fignification.

Si la fignification eft faite par le procès-verbal & dans le même contexte, il ne fera perçu que le droit réglé par la préfente fection, tant pour le procès-verbal que pour la fignification à un feul délinquant; & s'il y a plufieurs

délinquans,

délinquans, les droits des fignifications faites au fecond & aux fuivans, feront perçus, outre celui du procès-verbal, ainfi qu'ils font réglés par la précédente feélion.

2.° Les connoiffemens ou reconnoiffances de chargement par mer, à raifon d'un droit par chaque perfonne à qui les envois feront adreffés.

3.° Les extraits ou copies collationnées d'aéles & contrats par les Officiers publics, à raifon d'un droit par chaque pièce.

4.° Les expéditions des jugemens qui feront rendus en matière de contributions, de délits & contraventions.

Les jugemens préparatoires ou définitifs rendus en matière criminelle, fur la pourfuite du Miniftère public, fans partie civile, & les expéditions qui en feront délivrées, feront exempts de la formalité & du droit d'enregiftrement.

TROISIEME SECTION.

Aéles fujets au droit fixe de Quinze fous.

1.° LES quittances de rachat de droits féodaux, conformément à l'article LIV du Décret de l'Affemblée Nationale, du 3 mai 1790.

2.° Les exploits & fignifications des Huiffiers & autres ayant droit de faire des notifications en forme, tant en matière civile que criminelle, à l'exception des exploits défignés dans la première feélion ci-deffus, & de ceux qui contiennent déclaration d'appel, dont les droits feront réglés par les feélions fuivantes.

Les exploits ne feront fujets qu'à un feul enregiftre-

E

ment ; mais le droit fera perçu pour chaque perfonne requérante ou à qui la fignification fera faite , fans qu'il puiffe être perçu, en total , plus de cinq droits fur un exploit ou procès-verbal fait dans un feul jour & pour le même fait.

Les copropriétaires & cohéritiers , les parens réunis pour donner leurs avis , les débiteurs ou créanciers affociés ou folidaires , les féqueftres, les experts & les témoins, ne feront comptés que pour une feule perfonne , foit en demandant , foit en défendant.

Les exploits & fignifications qui feront faits à la requête du Miniftère public , fans jonction de partie civile , foit par les Huiffiers, foit par les Brigadiers & Cavaliers de Maréchauffée , & autres dépofitaires de la force publique pour la pourfuite des crimes & délits, feront enregiftrés gratis.

QUATRIEME SECTION.

Actes fujets au droit fixe de Vingt fous.

LES actes & contrats qui ne contiendront que des difpofitions préparatoires & de pure formalité , tels que les procurations , les compromis & nominations d'experts ou arbitres , les fimples décharges , les partages d'immeubles fans foulte ni retour , les procès-verbaux , autres que ceux défignés en la feconde fection , les déclarations & confentemens purs & fimples , les actes de notoriété , certificats de vie , affirmations , certificats , atteftations , oppofitions , proteftations , ratifications d'actes en forme , les abftentions & renonciations à communauté, fucceffions ou legs, à raifon d'un droit pour chaque fucceffion ou legs, les affemblées de parens ou d'habitans, les autorifations, les délivrances de legs, les actes de refpect ou fommations refpectueufes, quel que foit l'Officier public qui en fera la notification, à l'exception de ceux fignifiés par les Huiffiers, les défiftemens de demandes ou d'appel avant le jugement, les réfiliemens de marchés & de toute efpèce de conventions, avant que leur exécution ait été entamée, même celles des contrats de vente d'immeubles, avant que l'acquéreur foit entré en jouiffance ou en payement du prix de l'acquifition, & les déclarations de command-d'ami, faites dans les fix mois qui fuivront les ventes & adjudications en vertu de réferves expreffément ftipulées par les contrats & jugemens, & aux mêmes conditions que l'acquifition.

Les titres nouvels, les actes de prife de poffeffion, les dépôts & confignations chez les Officiers publics, & généralement tous les actes & contrats qui ne contiendront que l'exécution, le complément & la confommation de contrats antérieurs & immédiats, foumis à la formalité, fans qu'il intervienne aucunes perfonnes défintéreffées dans les premières conventions ; néanmoins les droits des actes ci-deffus énoncés, ne pourront excéder ceux qui auront été perçus fur les contrats précédens auxquels ils auront rapport.

3.° Les dons éventuels d'objets déterminés, & les donations mutuelles qui ne comprendront que les biens-immeubles préfens & défignés.

4.° Les actes qui opéreront la réunion de l'ufufruit à une propriété dont le droit aura été acquitté fur la valeur entière de l'objet.

5.° Les actes refaits pour nullité ou autres caufes fans

aucuns changemens qui ajoutent aux objets des conventions ou à leur valeur.

6.° L'enregiftrement de formalité des donations entre-vifs, lorfqu'il fera requis dans des bureaux différens de ceux où les contrats auront été enregiftrés pour la per-ception.

7.° Les expéditions des jugemens & autres actes judi-ciaires, paffés aux greffes & à l'audience, qui font fimple-ment préparatoires, de formalité ou d'inftruction, excepté ceux des Juges de paix qui font déclarés exempts de tous droits d'enregiftrement, & ceux des tribunaux de Diftrict en matière de contribution, qui font défignés dans la feconde fection.

8.° Les fecondes expéditions des jugemens des tribunaux de Diftrict, lorfque les premières auront acquitté le droit proportionnel.

9.° Enfin tous les actes civils & judiciaires qui ne pourront recevoir d'application pofitive à aucune des autres claffes ou fections du préfent Tarif.

CINQUIEME SECTION.

Actes fujets au droit fixe de Quarante fous.

LES expéditions des actes judiciaires portant nomi-nation de tuteurs & curateurs, commiffaires, directeurs ou féqueftres, appofition ou reconnoiffance de fcellés pour chaque vacation, clôture d'inventaire, celle des jugemens qui donnent acte d'appel, d'affirmation, acquiefcement, qui ordonnent qu'il fera procédé à partage, vente, licita-tion, inventaire portant reconnoiffance ou maintien d'hy-

pothèque, converfion d'oppofition en faifie, débouté
d'appel ou d'oppofition, décharge de demande, déclinatoire, publication judiciaire de donations, entérinement de
lettres, de procès-verbaux & rapports, fans qu'il en réfulte
partage effectif ou mutation; enfin ceux qui portent main-
levée d'oppofition ou de faifie-maintenue en poffeffion,
nantiffement, foumiffion & exécution de jugement, les
acceptations de fucceffion & de legs qui n'ont pas une
valeur déterminée, à raifon d'un droit pour chaque legs ou
fucceffion, & généralement tous les actes & jugemens
définitifs des tribunaux de Diftricts, rendus contradictoirement ou par défaut, en première inftance, & qui ne
font pas applicables à la première claffe.

SIXIEME SECTION.

Actes fujets au droit fixe de Trois livres.

1.° LES tranfactions en matière criminelle pour excès,
injures & mauvais traitemens, lorfqu'elles ne contiendront
aucune ftipulation de dommages-intérêts ou de dépens
liquidés, qui donnent lieu à des droits proportionnels plus
confidérables.

2.° Les indemmités dont l'objet n'eft pas eftimé.

3.° Les fignifications & déclarations d'appel au tribunal
de Diftrict, des fentences rendues par les Juges de paix.

SEPTIEME SECTION.

Actes fujets au droit fixe de Six livres.

1.° LES abandonnemens de biens pour être vendus en
direction, les contrats d'union & de direction de créan-

ciers, les actes & jugemens portant émancipation, bénéfice d'âge ou d'inventaire & refcifion, en quelque nombre que foient les impétrans.

2.° Les fociétés & traités dont les objets ne feront pas fufceptibles d'évaluation, les actes qui en ftipulent la diffolution, & les inventaires de titres & papiers, lorfqu'ils feront féparés de l'inventaire du mobilier de la fucceffion ou de l'abfent, & qu'ils énonceront des titres concernant la propriété des immeubles.

3.° Les fignifications & déclarations d'appel des jugemens des tribunaux de Diftricts.

4.° Les expéditions des jugemens définitifs rendus fur appel, & dont les objets ne feront ni liquidés ni évalués.

HUITIEME SECTION.

Actes fujets au droit fixe de Douze livres.

1.° LES actes & les expéditions des jugemens portant interdiction ou féparation de biens entre maris & femmes, fauf à percevoir fur le montant des condamnations & liquidations, dans les cas où celles prononcées par le jugement donneroient ouverture à de plus grands droits.

2.° Le premier acte portant notification de recours au Tribunal de caffation, & les expéditions des jugemens de cette Cour.

Difpofitions relatives aux actes fous fignatures privées,

TOUS les droits établis dans les claffes & fections du préfent Tarif, feront perçus fur tous les actes faits fous-feing privé, lorfqu'ils feront préfentés à l'enregiftrement, fuivant la claffe & la fection à laquelle ils appartiendront, fauf le double droit pour les actes de la première claffe feulement, & dans les cas exprimés par la loi.

TITRE DES EXCEPTIONS.

Il ne fera payé que la moitié des droits fixés par le Tarif, tant fur les actes de la première, que fur ceux de la feconde & de la troifième claffe, pour tout ce qui appartiendra & fera délivré, adjugé ou donné par ventes, donations ou libéralités, legs, tranfactions & jugemens en faveur des hôpitaux, écoles d'inftruction & d'éduca- cation, & autres établiffemens publics de bienfaifance.

L'Affemblée Nationale fe réferve au furplus de ftatuer fur la fixation des droits qui feront payés pour les acqui- fitions, à quelque titre que ce foit, de biens-immeubles réels ou fictifs, qui pourront être faites par les hôpitaux, colléges, académies & autres établiffemens permanens, & fur les formalités qui feront néceffaires pour autorifer ces acquifitions.

L'Affemblée fe réferve également de ftatuer fur les hypothèques, & fur les droits auxquels elles donnent lieu, lefquels feront provifoirement perçus comme au paffé.

Toutes les acquifitions de Domaines nationaux faites par les Municipalités, les ventes, reventes, adjudications & fubrogations qu'elles en feront, enfemble les actes d'em- prunts de deniers pour parvenir auxdites acquifitions, avec affectation de privilége fur lefdits fonds, foit de la part des Municipalités, foit de la part des particuliers, en faifant d'ailleurs la preuve de l'emploi réel & effectif des deniers en acquifition de fonds nationaux, ainfi que les quittances relatives au payement du prix des acquifitions, feront enre- giftrés, fans être affujettis à autre droit que celui de quinze fous, & ce, pendant les quinze années accordées par le Décret du 14 mai dernier.

Toutes les acquifitions des mêmes Domaines, faites par des particuliers, la vente & cession qu'ils en feront, & les actes d'emprunts faits pour les caufes & aux conditions portées ci-dessus, ne feront pareillement affujettis qu'au droit d'enregistrement de quinze fous pendant les cinq années accordées par le Décret des 25, 26 & 29 juin dernier.

MANDONS & ordonnons à tous les Tribunaux, Corps administratifs & Municipalités, que ces présentes ils fassent transcrire fur leurs regiftres, lire, publier & afficher dans leurs Ressorts & Départemens respectifs, & exécuter comme Loi du Royaume. En foi de quoi Nous avons figné & fait contrefigner cesdites présentes, auxquelles Nous avons fait appofer le Sceau de l'Etat. A Paris, le dix-neuvième jour du mois de décembre, l'an de grâce mil fept cent quatre-vingt-dix, & de notre règne le dix-feptième. *Signé* LOUIS. *Et plus bas,* M. L. F. DuPort. Et fcellées du Sceau de l'État.

www.ingramcontent.com/pod-product-compliance
Lightning Source LLC
Chambersburg PA
CBHW050118210326
41519CB00015BA/4007